Kulturelle Literaturgeschichte

KULTURELLE LITERATURGESCHICHTE

S. L. QUO

THE UNIVERSITY OF LETHBRIDGE

2 627834

THE MITRE PRESS
52 LINCOLN'S INN FIELDS, LONDON

ISBN 0 7051 0181 9
Printed in Gt. Britain for The Mitre Press
(Fudge & Co., Ltd.), London

INHALT

TEIL I: KULTUR UND GESCHICHTE

DEUTSCHE GESCHICHTE

Nach den Völkerwanderungen im 5. Jahrhundert, teilte sich der teutonische Zweig von der indogermanischen Sprachfamilie. Es lief auf die Teilung der verschiedenen Stämme hinaus: die Niedersachsen und Friesen im Norden, die Franken im Westen, die Thüringer in Zentraldeutschland, die Alemannen in Schwaben und die Bayern im Süden; diese Einteilungen sind zum Teil bis heute geblieben. All diese Stämme waren unter Karl dem Grossen politisch vereint. Er wurde im J. 800 in Aachen zum Kaiser des Heiligen Römischen Reiches Deutscher Nation gekrönt. Unter der Führung der katholischen Kirche im Mittelalter gründeten die Erzbischöfe eine religiös-orientierte Ordnung unter den verschiedenen Völkern in den heute deutschsprachigen Ländern, die bis zum 13. Jh. dauerte. Danach wuchs die Macht des Landadels. Im 15. Jh. wurden die religiösen Unruhen von Erasmus von Rotterdam in den Niederlanden und im 16. Jh. von Dr. Martin Luther in Deutschland anerkannt; Luther wollte eigentlich keine neue Religion gründen, sondern die damalige Kirche von Missbräuchen befreien und eine echte religiöse Ordnung wiederherstellen. Diese religiöse Spaltung wurde von dem 30jährigen Krieg nicht gelöst, der grosse Verwüstung und Verlust von Menschen mit sich brachte. Das Ergebnis des Krieges war, unter anderem die Befreiung der Schweiz und der Niederlande, die seit 1556 unter der Herrschaft der spanischen Habsburger standen.

Der Anwachs der Macht des preussischen Staates unter Friedrich dem Zweiten und ein kulturelles Goldenes Zeitalter waren die Merkmale des 18. Jhs. Im Jahre 1806 brach das Heilige Römische Reich

der Landadel — territorial aristocracy

lösen — to resolve
das Ergebnis — outcome

der Anwachs — increase

7

Deutscher Nation unter dem Angriff Napoleons zusammen, und nach der Niederlage des französischen Kaisers in den Freiheitskriegen wurde der Deutsche Bund gegründet, ein loser Verein von 32 souveränen Fürstenstaaten und 4 freien Städten, der im J. 1867 von dem Norddeutschen Bund ersetzt wurde. Österreich, das 500 Jahre lang dem Reich den Kaiser gestellt hatte, war nach 1866 nicht mehr ein Teil Deutschlands. Dem Deutsch-Französischen Krieg folgte die Reichsgründung und die Proklamation König Wilhelm I. von Preussen zum deutschen Kaiser — das Zweite Reich. Der Kanzler dieses Zweiten Reiches war Bismarck. Unter seiner Führung erlebte das deutsche Volk einen grossen wissenschaftlichen Wohlstand und einen hohen Lebensstandard durch naturwissenschaftliche, technische und kulturelle Leistungen.

Selbst nach dem ersten Weltkrieg blieb das Reich trotz des Landverlusts vereint. Es wurde eine Republik unter einem demokratischen parlamentarischen System mit der Weimarer Verfassung von 1919.

Seit ihrer Entstehung war die Weimar Republik mit zahlreichen Schwierigkeiten, z.B. Reparationen und Inflation belastet. Ihre Schwächen waren aussen- und innenpolitisch (häufige Regierungsänderungen). Wirtschaftskrisen und die Zahl der Arbeitslosen führten in den zwanziger Jahren zum Anwachsen der Macht der extremen rechten und linken Parteien, so dass die Zentrumsparteien keine politische Mehrheit bilden konnten. In dieser Situation konnte Hitler die Führung der stärksten Partei übernehmen. 1933 wurde er zum Reichskanzler ernannt. Durch seine Skrupellosigkeit und die von anderen, gelang es ihm mit Hilfe der Massen alle demokratischen Regierungsorgane loszuwerden und seinen eigenen Despotismus zu errichten. Die Politik der Nationalsozialisten (Nazis) führte zum Zweiten Weltkrieg im J. 1939, der mit der totalen Niederlage und Besetzung endete.

Im Juni 1945 wurde das Gebiet des deutschen Reiches innerhalb der 1937 Grenzen in vier Besetzungszonen und ein Berlingebiet unter vier-Machtstatus eingeteilt. Die östlichen Länder wurden isoliert, nachdem die meisten Deutschen gezwungen wurden, ihre Heimat zu verlassen, und sie wurden unter fremder Verwaltung gesetzt, bis ein endlicher Vertrag abgeschlossen sei. Das Saarland wurde ökonomisch an Frankreich angeschlossen, das 1959 wieder an Deutschland sich knüpfte. 1949 wurde die Bundesrepublik von Ländern in Westdeutschland gegründet.

sich knüpen an — to join

WIE DER DEUTSCHE STAAT NACH DEM KRIEGSENDE AUSSAH...

Nach dem Zusammenbruch vom 6. Mai 1945 wurde Deutschland von den vier Siegermächten (das Vereinigte Königreich, die Vereinigten Staaten von Amerika, die Union der Sozialistischen Sowjetrepubliken und die Provisorische Regierung der Französischen Republik) verwaltet. 1947 gaben die drei Westmächte dem deutschen Volk die Möglichkeit, eine Regierung zu wählen. Diese Regierung hatte viele Probleme zu bewältigen; unter anderem ein geteilter Staat, zerstörte Städte, fremde Besatzung und Flüchtlinge. Sie musste alles daransetzen, um die fremde Anerkennung zurückzugewinnen. Der Konferenz von Casablanca 1943, und der bedingungslosen Kapitulation 1945 nach, hatte Deutschland seine politische Selbstbestimmung und seine eigene Regierungsgewalt verloren. Den in Jalta am 2. November 1945 gemachten Entscheidungen gemäss — ging es um, „die Vernichtung des deutschen Militarismus und des Nazitums." Zur selben Zeit wurde Deutschland, nach den Grenzen von 1937, in vier Zonen aufgeteilt.

Jetzt begann das Problem der Wiederherstellung. Der Morgenthau-Plan, der nie zustande kam, der von den Alliierten beantragt wurde, wollte aus Deutschland ein Land des Ackerbaus und der Viehzucht machen: „Es muss den Deutschen klargemacht werden, dass Deutschlands rücksichtslose Kriegsführung und der fanatische Widerstand der Nazis die deutsche Wirtschaft zerstört und Chaos und Leiden unvermeidlich gemacht haben, und dass sie nicht der Verantwortung für das entgegen können, was sie selbst auf sich geladen haben". Der Zweck des Planes war, „Deutschland daran zu hindern, je wieder eine Bedrohung des Weltfriedens zu werden". Diese Worte waren im Geiste des Planes als Direktive des amerikanischen

bewältigen — to overcome

der Flüchtling — refugee

daransetzen — to hazard, stake

die Selbstbestimmung — self-determination

gemäss — conforming to

die Vernichtung — destruction

die Viehzucht — cattle breeding

der Oberbefehlshaber — commander-in-chief
ermahnen — to admonish

erforderlich — necessary

die Wiederaufrüstung — rearmament
geeignet — capable (of)

anstellen — to undertake
die Schätzung — estimation
der Zuschuss — subsidy
vermeiden — to avoid

durchfürbar— feasible

ergreifen— to have recourse to
der Verbrauch— consumption

umstellen — to convert
die Steuer — tax

begreifen — to conceive, realize

Generalstabs an den Oberbefehlshaber der US-Besatzungstruppen in Deutschland vom April 1945 gedacht, worin sie auch ermahnten, dass „abgesehen von den für diese Zwecke (der industriellen Abrüstung) erforderlichen Massnahmen" die Offiziere und Soldaten, keine Schritte unternehmen dürften, „die a) zur wirtschaftlichen Wiederaufrüstung führen, oder b) geeignet sind, die deutsche Wirtschaft zu erhalten oder zu stärken."

Diese Direktive lautete weiter: „Die Mitglieder der Armee werden Schätzungen darüber anstellen, welche Zuschüsse notwendig sind, um Hungersnot und die Ausbreitung von Krankheiten und zivilen Unruhen zu vermeiden, welche die Besatzungsstreitkräfte gefährden könnten. Als Grundlage für diese Schätzungen sollte ein Programm dienen, durch das die Deutschen selbst für ihre Versorgung eigener Arbeit und eigenen Hilfsmitteln verantwortlich gemacht werden. Sie werden alle durchfürbaren wirtschaftlichen und polizeilichen Massnahmen ergreifen, um sicherzustellen, dass die deutschen Hilfsquellen voll ausgenutzt werden und der Verbrauch auf ein Mindestmass beschränkt bleibt. Sie werden nichts unternehmen, was geeignet wäre, den Mindestlebensstandard in Deutschland auf einem höheren Niveau zu erhalten als in irgendeinem benachbarten Mitgliedstaat der Vereinten Nationen."

Es dauerte einige Jahre, ehe es klar wurde, dass diese Direktive ihren Zweck verfehlte dass es unmöglich wurde, Industrie und Privatleben durch eine Autoritätsystem auf demokratische Werte umzustellen. Die Steuer hätte zu einer unerträglichen Belastung geführt, um solche Dictatur unterzustützen.

Ein wirtschaftlicher Hilfsplan, der Marshall-Plan, ersetzte den Morgenthau-Plan und die daraus resultierende Morgenthau-Politik, als die Alliierten begriffen hatten, dass sie das Wirtschaftspotential eines künftigen deutschen Partners als einen Schutz gegen den Kommunismus brauchen könnten. Als Folge entstand die Konstituierung der Bundesrepublik im Herbst 1949 und die Verwirklichung eines neuen Besatzungsstatuts, in dem die frei

11

beschränken — to
limit

die Erweiterung —
expansion
das Auswärtige Amt —
foreign office, state
dept.

beiwohnen — to
contribute

die Fortschritte —
progress

der Abbau —
reduction of staff

die Verteidigung —
defense
rechtfertigen — to
justify

einbeziehen — to
include

Westmächte sich in der Ausführung ihrer Verwaltung beschränkten. Sie waren sich bewusst, dass dieses neue Besatzungsstatut vielleicht nur ein Jahr als Übergangslösung dauern würde. Die neue Revision des Besatzungsstatuts gab den Deutschen ab März 1951 eine Erweiterung ihrer Authorität.

Errichtet wurden ein Auswärtiges Amt sowohl als auch diplomatische und konsularische Vertretungen im Ausland. In Bonn wurden fremde Diplomaten akkreditiert. Die Bundesrepublik wohnte dem Europa-Rat in Strassburg bei und schloss mit fünf europäischen Ländern einen Vertrag. Es wurde der Schumannplan eine europäische Gemeinschaft für Kohle und Stahl gegründet. Schon sechs Jahre nach dem Kriegsende wurde der Kriegszustand beendet und damit war Deutschland auf dem Wege, grosse wirtschaftliche Fortschritte zu machen und seinen Platz unter den Ländern der Welt wieder einzunehmen.

Die nächsten Schritte waren der Abbau der Besatzungsregierung und die Einnahme der Bundesrepublik als Partner in der europäischen Gemeinschaft, besonders was die gemeinsame Verteidigung betraf. Das besondere Verhältnis der Besatzung, im Recht ganz neu, war nur dadurch gerechtfertigt, dass Deutschland im Jahre 1945 keine Regierung hatte. Auf der Brüsseler Konferenz 1950 wurde der Entschluss gefasst, Deutschland als Partner in der Verteidigung Westeuropas miteinzubeziehen. Es war nun die Frage, in welcher Form diese Teilnahme erfolgen sollte. Freilich war die Sowjetunion nicht anwesend bei den Besprechungen über die gemeinsame Verteidigung zwischen dem Bundeskanzler und den drei Hohen Kommissaren vom Mai bis September 1951 mit den folgenden Resultaten:

1. Fremde Truppen werden lange auf beiden Seiten der Oder-Neisse Linie verbleiben;
2. Die politische Trennung Deutschlands kann in Folge der Verträge nicht geändert werden. Es wurde erwartet, dass die Sowjetzonenregierung diese Ereignisse zu ihrem Vorteil benutzen würden, um eine eigene "Volkspolizei" in der Ostzone aufzustellen und die

verschärfen — to
aggravate,
render more acute

verfassungsbeschränkt
— constitutionally
limited

ungelöst — unsolved

der Zusatz —
supplement
die Streitkräfte —
fighting (military)
forces
das Abkommen —
agreement

vorläufig —
preliminary

die Angelegenheit —
affair

sich beteiligen — to
participate in
beitragen — to
contribute

dauernhaft — lasting
die Festlegung —
settlement

verwirklichen — to
realize

Trennung zwischen dem Westen und Osten zu verschärfen. Die Lage der getrennten Ostdeutschen jenseits der Oder-Neisse Linie und die der verfassungsbeschränkten Westberliner wird sich nicht ändern.

3. Der Abschluss des Friedensvertrages bleibt so lange ungelöst.

Der "Deutschlandvertrag" (Vertrag über das, was die Beziehungen zwischen der Bundesrepublik und den Drei Besatzungsmächten betrifft) mit seinen vier Zusatzverträgen (Vertrag über Rechte und Pflichten ausländischer Streitkräfte und ihrer Mitglieder in der Bundesrepublik Deutschlands, Abkommen über die steuerliche Behandlung der Streitkräfte und ihrer Mitglieder, Finanzvertrag, und Vertrag zur Regelung der aus Krieg und Besatzung entstandenen Fragen), ist kein einzigartiger Friedensvertrag zwischen den drei westlichen Mächten und der Bundesrepublik, sondern sozusagen ein vorläufiger Kriegsabschlussvertrag, dessen Inhalt, als einen Ersatz für einen Friedensvertrag gelten könnte. Einige Aspekte dieses Deutschlandvertrages waren: die Bundesrepublik sollte in Zukunft volle Macht über ihre inneren und äusseren Angelegenheiten haben; die Aufgabe der von den Drei Westmächten im Bundesgebiet stationierten Streitkräfte sollte die Verteidigung der freien Welt sein, zu der auch die Bundesrepublik und Berlin gehören. Die Bundesrepublik sollte sich an der Europäischen Verteidigungsgemeinschaft beteiligen, um zur gemeinsamen Verteidigung der freien Welt beizutragen; die Bundesrepublik und die Drei Westmächte sind sich darüber einig, dass ein wesentliches Ziel ihrer gemeinsamen Politik eine zwischen Deutschland und seinen ehemaligen Gegnern frei vereinbarte friedensvertragliche Regelung für ganz Deutschland sei, welche die Grundlage für einen dauernhaften Frieden bilden sollte. Sie sind sich darüber einig, dass die endgültige Festlegung der Grenzen Deutschlands bis zu dieser Regelung aufgeschoben werden müsse. Bis dahin werden sie zusammenwirken, um mit friedlichen Mitteln ihr gemeinsames Ziel zu verwirklichen: ein wiedervereinigtes Deutschland, das eine freiheitlichdemo-

13

kratische Verfassung ähnlich der Bundesrepublik besitzt und in die europäische Gemeinschaft integriert ist.

Neben diesem „Generalvertrag", der die Regelungen zwischen der Bundesrepublik und den Drei Mächten ordnen sollte, gab es auch einen „Truppenvertrag", der besondere Regelungen für die künftigen Rechte und Pflichten der ausländischen Mächte bestimmen sollte.

Dem Pariser Vertrag nach, steht die europäische Verteidigung in engem Zusammenhang mit der Einsicht, dass eine europäische politische Einheit notwendig sei. Ein wichtiges Resultat dieser Idee der Integration zu verwirklichen, ist die Europäische Verteidigungsgemeinschaft. Diese europäische Gemeinschaft ist der gemeine Zweck aller Unterzeichnerstaaten dieses Vertrages, aber sie ist nur auf sechs europäische Länder beschränkt. England und die Skandinavischen Länder gehören ihr nicht an.

WAS WIRD AUS BERLIN?

die Verwüstung —
devastation

erneuern — to renew
beachtlich — notable

die Einnahme —
capture

auftreten — to appear

die Eingliederung —
membership

bewilligen — to pass

In Folge der sinnlosen Kampfverwüstungen der letzten Tage des Zweiten Weltkrieges verlor Berlin an seiner früheren Bedeutung. Die Stadt, die früher ein politisches und geistiges Zentrum Deutschlands war, musste jetzt von innen erneuert werden. Zwar hat die Stadt seit dem Kriegsende beachtliche Bedeutung zurückgewonnen, aber eine andere Bedeutung, eine Politische. Die Stadt wurde ein Zentrum der Krisen zwischen West- und Ostdeutschland.

Diese Spaltung entstand kurz nach der Einnahme Berlins, die am 2. Mai 1945 stattfand, als die sowjetische Besatzungsmacht unter dem Befehl des Stadtkommandanten, des Generalobersten Bersarin, die Stadtverwaltung übernahm. Im Monat Juli 1945 marschierten Truppen der Westmächte ein, und Berlin wurde eine Viermächtestadt. Bald traten Spannungen zwischen den Alliierten und der sowjetischen Besatzungsmacht auf, wenn das sowjetische Veto, wie es auch bei den Vereinten Nationen der Fall ist, ein Hindernis für die anderen Besatzungsmächte wurde. Die wiederholten Schwierigkeiten — Veto, Demonstrationen, Bedrohungen — veranlassten die Westmächte, 1948, sich statt in Berlin nur noch im Westen zu ihren Besprechungen zu treffen. Im Ostsektor wurde ein neuer Magistrat eingesetzt. Ernst Reuter konnte jetzt zum ersten Nachkriegsoberbürgermeister gewählt werden.

Aber völlige Eingliederung in die Bundesrepublik ist Westberlin heute verboten. Dasselbe Recht der Eingliederung gilt für Ostberlin in der sowjetisch besetzten Zone, die sogenannte Deutsche Demokratische Republik (DDR). Alle Gesetze der Bundesrepublik, die auf die Bürger Westberlins wirken sollen, müssen vom Stadtparlament Berlins bewilligt werden. Eine ähnliche Regelung existiert in Ostberlin für die Übernahme der Gesetze, welche die Deutsche Demokratische Republik darlegt.

15

der Abgeordnete —
member (parliament)

die Versorgung —
providing for

die Beihilfe — subsidy

die Bewunderung —
admiration

die Spaltung —
division

Die Regierung besteht aus einem Senat (einem Bürgermeister, einem Regierenden Bürgermeister, und 13 Senatoren) und einem Abgeordnetenhaus (aus 135 Mitgliedern). Westberlin wird finanziell wie die anderen Länder des Bundes behandelt, das heisst, die gleichen Verpflichtungen gegenüber Berlin und Bundessteuern. Dazu kommen andere Verpflichtungen der Bundesrepublik wegen der besonderen sozialen Lage Berlins — für Versorgung der Kriegsbeschädigten, für Arbeitslosenversicherung, für Flüchtlingslasten und dergleichen. Aber wichtiger als diese Beihilfe der Bundesrepublik für die finanziellen Lasten Westberlins, ist das Zusammenhalten der Westdeutschen und die Bewunderung, die sie mit ihrer alten Hauptstadt fühlen, die sich in der finanziellen Hilfe ausdrückt.

Jetzt ist es mehr als zwanzig Jahre seit dem Kriegsende, und die Spaltung bleibt. Berlin bleibt noch unter dem Viermächtebesatzungsstatut.

Im Juni 1953 wurde die Welt durch den Aufstand der demonstrierenden Arbeiter in Berlin erschüttert. Sie hofften auf ganze Freiheit von der rußischen Besatzung. Die Teilnehmer in Westberlin dagegen hofften auf die Wiedervereinigung mit den getrennten Ländern in Ostdeutschland. Für einige Stunden zwar erschien diese Erhebung erfolgreich, und die rote Fahne war über dem Brandenburger Tor nicht zu sehen, doch dann schlugen die rußischen Panzer und Truppen mit Geschoßen und Bomben die Wiederstandsbewegung nieder. Der Weg zu Freiheit und Neubeginn für Tausende von Flüchtlingen unter dem Brandenburger Tor wurde geschloßen, als der „Eiserne Vorhang" am 13. August 1961 zwischen den getrennten Sektoren der Stadt Berlin durch das Errichten einer Mauer verstärkt wurde. Seitdem haben viele trotz der Gefahr versucht, nach Westen zu entkommen. Als Folge davon haben viele Flüchtende an der Mauer den Tod gefunden oder wurden erschoßen. Hierdurch ist das Brandenburger Tor zum europäischen Symbol der Freiheit geworden. Zur Erinnerung an diesen Aufstand hat der deutsche Bundestag den 17. Juni als nationalen Gedenktag bestimmt. An diesem

„Tag der deutschen Einheit" soll die Verbundenheit zwischen Ost und West besonders zum Ausdruck gebracht werden.

DAS DEUTSCHE ERZIEHUNGSWESEN UND ANDERE JUGENDORGANISATIONEN

Seit 1920 müssen alle Kinder von sechs bis achtzehn Jahren die Schule besuchen. Eine allgemeine Schulpflicht, wonach die Kinder die Schule sechs Tage in der Woche vollzeitlich besuchen müssen besteht für die ersten neun Jahre. — Ungefähr 80 prozent aller Kinder besuchen die Volksschule im Alter von sechs bis sechzehn Jahren und dann noch zwei bis drei Jahre eine Berufs- oder Fachschule, wo sie ein- bis zweimal die Woche am Pflichtunterricht teilnehmen müssen. — Die Kinder, die geistig oder physisch behindert sind, werden in Hilfs- oder Sonderschulen gelehrt.

Alle Kinder müssen ihre ersten vier Jahre in der Grundschule verbringen. Danach können sie ein Examen nehmen, eine sogenannte Aufnahmeprüfung, nach dessen Bestehen sie je nach Veranlagung und Examensergebnis eine Mittel- oder Realschule oder ein Gymnasium oder Oberschule besuchen dürfen.

Die Realschule besteht aus sechs Klassen und führt im allgemeinen zu Stellungen in Verwaltungsbüros, Handel oder Fachbetrieben. Englisch und Französisch sind hier die verlangten Fremdsprachen, wobei aber mehr der kaufmännische Aspekt und nicht die Literatur betont werden.

Der Besuch auf einem Gymnasium dauert neun Jahre und endet mit einer Reifeprüfung (Abitur). Zu dieser Zeit ist der Student im allgemeinen 19 Jahre alt. Man unterscheidet drei verschiedene Arten von Gymnasien: das humanistische Gymnasium

das neusprachliche Gymnasium

das naturwissenschaftliche Gymnasium.

Das humanistische Gymnasium betont die Pflege der alten Sprachen und ihrer Literatur (Latein .. 9 Jahre, Griechisch .. 7 Jahre) als dritte Sprache kann der Student zumeist zwischen Französisch und Hebräisch wählen. Das neusprachliche Gymnasium

---

vollzeitlich — full-time

die Berufsschule — vocational school

hindern — to hinder, retard

bestehen — to pass (an exam)
die Veranlagung — assessment
das Ergebnis — result, outcome

kaufmännisch — commercial, mercantile

die Pflege — cultivation, encouragement

18

legt mehr Betonung auf die modernen Sprachen. (Englisch 9 Jahre und Französisch 7 Jahre) obwohl auch jeder Schüler mindestens 6 Jahre Latein nehmen muss.

Das naturwissenschaftliche Gymnasium hebt die Naturwissenschaften besonders heraus, und der Student muss eine weitaus grössere Anzahl an Stunden in Mathematik, Chemie und Physik nehmen, als in den anderen beiden Gymnasien. Trotzdem muss er aber auch noch zwei Sprachen nehmen (Englisch .. 9 Jahre und Latein 7 Jahre). Es gibt natürlich einige Variationen dieser verschiedenen Schultypen, und auch grosse Gymnasien, die alle drei Zweige enthalten. In allen drei Schultypen ist das Hauptziel, eine gerundete Allgemeinbildung des Studenten. Alle Klassen sind für jeden Schüler — nachdem er sich einmal für einen bestimmten Zweig entschieden hat .. gleich vorgeschrieben und er kann sich nichts selber wählen. Es ist ein recht anstrengendes Program, und noch nicht einmal die Hälfte, der im Gymnasium anfangenden Schüler absolvieren das Gymnasium und erhalten ihr Reifezeugnis. Das Reifezeugnis ist für den Eintritt in eine Universität nötig, obwohl man in Ausnahmefällen mit einer Reihe von Prüfungen während seiner Berufsvorbereitung und mit spezialsierter und allgemeiner Erziehung noch die Universität besuchen kann. Auch kann man in Abendkursen das Abitur nachmachen. Noch eine Gelegenheit für die Studenten, die vier Jahre der Grundschule beendet haben, ist die Privatschule, welche ungefähr zwölf Prozent der Studenten wählen. Solche Schulen müssen Staatsempfehlung haben und sie bieten ähnliche Lehrpläne an.

Die meisten Klassen in der Grundschule sind gemischt, und in einigen Ländern sind die Grundschulen Bekenntnisschulen, obwohl alle Länder an allgemein verbindlichem religiösem Unterricht teilnehmen. Im Jahre 1970 soll die Zahl der Grundstufeschüler ungefähr 6,5 Millionen sein. Die Erziehung an allen öffentlichen Schulen bis zum Abitur (Universitätsreife) wird frei dargeboten. Beinahe alle höheren Schulen sind nichtkonfessionell und nicht-

weitaus — by far, much

der Zweig — section, branch

absolvieren — complete (one's studies)

der Ausnahmefall — exceptional case

das Bekenntnis — denomination
allgemein verbindlich — compulsory

19

koedukationell und es soll 950,000 Schüler geben. Auch alle Universitäten sind staatlich.

Dem Grundrecht gemäss, sind die Erziehungsaffären eine Sache der Länder. Die Verwaltung davon ist die Sache der Kultusminister; also gibt es verschiedene Erziehungspläne, Vorbereitungen, Gehälter, u.s.w. von Land zu Land. Es war auch hauptsächlich die Sache der Länder nach der weitverbreiteten Kriegsverwüstung, alte Schulen wiederherzustellen und neue aufzubauen. Es fehlte an Klassenzimmern, Schulausstattungen, Lehrern und Lehrmitteln, wie Büchern und Schreibmaterial. Die Beschaffung eines Raumes war die erste Frage. Noch heute fehlen genug Klassenzimmer und Unterricht muss in Schichten stattfinden. Die Reform des Schulwesens, die nach dem Kriege in die Verfassungen aller Länder als ein Teil der Grundrechte eingeführt wurde, beruht auf gleichen Bildungsmöglichkeiten für alle, ohne Bezug auf wirtschaftliche Lage, gesellschaftliche Stellung, Religion und Rasse. Auch verwirklicht wurden die Lernmittelfreiheit und Studienbeihilfe für Bedürftige und Begabte.

Es gibt viele jugendliche Organizationen in heutigem Deutschland, einige von ihnen ideologische, andere, dem Interesse gemäss, z.B. Film- und Literaturvereine. Der deutsche Bundesjugendring handelt mit den verschiedenen Länderjugendringen und Jugendorganizationen, die insgesamt mehr als 6 Million Mitglieder zählen. Der Arbeitskreis Zentraler Jugendverbände ist eine Organization, in der sich Jugendliche aus allen Schichten der Bevölkerung zu gemeinsamen Projekten zusammenfinden, während wir die Arbeitsgemeinschaft Politischer Studentenverbände an allen Universitäten finden, eine Organization, die sich besonders mit Politik beschäftigt. Die Arbeitsgemeinschaft für Jugendpflege und Jugendfürsorge ist die Fackelorganization zwischen den Jugendvereinen und den Sozialwerkorganization, welche den Lehrlingen während ihrer Lehrlingszeit und zur Weiterbildung Beihilfe gewähren.

Die Aufgabe aller Hochschulen, Akademien und Universitäten ist die Förderung der wissenschaftlichen Forschung und Lehre. Obwohl alle Hochschulen Universitätsstatus haben, gibt es nur achtzehn eigentliche Volluniversitäten. Daneben gibt es zahlreiche Hochschulen, zum Beispiel, technische Hochschulen, paedagogische Akademien und Kunstakademien, tierärztliche, volkswissenschaftliche, medizinische, und theologische Hochschulen.

Das Recht des Rektors schliesst folgendes ein:

die Erteiling — conferment
erforderliche Eigenschaften — necessary qualifications
die Ergänzung — recruitment

,,Promotion" (d.h. die Erteilung eines Doktorgrades), ,,Habilitation" (d.h. das Erkennen der erforderlichen Eigenschaften des Doktorats an einer Hochschule zu unterrichten) und Ergänzung der Professoren, Assistenten und dergleichen, die durch das Ministerium der Kultur ernannt werden. Einige der kleineren Akademien und Hochschulen ernennen Doktoren aus dem Gebiet der Industrie als Ratgeber.

das Anwachsen — increase
die Not — necessity
anregen — to prompt, stimulate
die Schätzung — estimate
einer Sache gerecht werden — to do justice to a thing

Das Anwachsen der Zahl der Studenten und die Nöte der modernen Gesellschaft haben die Deutsche Studentenschaft angeregt, wenigstens zehn neue Universitätsgründungen zu fordern, um der Schätzung von 300,000 Studenten für das Jahr 1970 und 400,000 für das Jahr 1980 gerecht zu werden. Es wird fraglich, ob das Prinzip der Kombination von wissenschaftlicher Forschung und Lehre erhalten bleiben kann.

die Verständigung — agreement

die Angleichung — assimilation
sich bemüht sein um — to be bent on, strive for

der Etats — budget

Der Wissenschaftsrat wurde im Jahre 1957 zur Verständigung zwischen Bund und Ländern gegründet. Seine Aufgabe ist die Förderung und Angleichung von Unterricht wissenschaftlicher Entwicklung. Es bemüht sich um die Schaffung eines allgemeinen Planes für die Wissenschaftsförderung und um die Bundes - und Länderetats zur Wissenschaftsförderung. Dieser Wissenschaftsrat besteht aus neununddreissig Mitgliedern, von denen zweiundzwanzig Naturwissenschaftler oder andere bedeutende

21

Vertreter des öffentlichen Lebens sind, während die übrigen die Politik des Bundes oder der Länder vertreten.

Im Land Nordrhein — Westfalen hat die Arbeitsgemeinschaft für Forschung ein Programm entwickelt in dem die Vorlesungen mit einem Programm für wissenschaftliche Förderung vereint werden. Die Universität Bochum in Nordrhein-Westfalen hat Unterricht und Forschung, stärker getrennt. Die Deutsche Forschungsgemeinschaft ist als ein Bund der Universitäten und der anderen wissenschaftlichen Institute entstanden, die ihre eigene Richtung der wissenschaftlichen Forschung bestimmt. Die

Mittel dafür kommen von der Bundesregierung, von den Ländern und vom Stifterverband für die Deutsche Wissenschaft, mit den gemeinsamen von Handel und Industrie zur Förderung von Forschung, Unterricht und Lehre.

Von den deutschen Studenten, (ohne die ausländischen Studenten), studieren ungefähr 49 Prozent entweder Sozialwissenschaft oder eine der Künste,

15 Prozent die technischen Fächer, 15 Prozent Naturwissenschaft und 16 Prozent allgemeine Medezin, Zahnheilkunde, Veterinärmedizin oder Pharmazie.

Ungefähr ein Drittel der Väter dieser Studenten haben eine Universität besucht. Die meisten der übrigen sind Beamte oder in einem Büro tätig. Ein kleiner Prozentsatz sind Kinder von Arbeitern, aber es werden immer mehr, weil sich heutzutage die Möglichkeiten bieten, neben dem Studium durch Arbeit Geld zu verdienen. Durch den staatlichen Honnefer-Modell-Plan und die Länder können Studenten, die sich qualifizieren, Beihilfe für eine Universitätserziehung erwerben. Es gibt auch noch andere Arten von Stipendien, so dass ungefähr die Hälfte der Studenten öffentliche oder private finanzielle Beihilfe bekommen.

DIE FÖDERUNG DER ÖFFENTLICHEN UND KULTURELLEN KOMMUNIKATIONEN

der Rundfunk — radio broadcasting
der Ruf — reputation
die Währung — currency

leisten — to accomplish

die Beschränkung — limitation
auferlegen — to impose
das Vermögen — means; property
das Verbot — suppression
die Schnittanordnung — cutting regulation
bedenklich — suspicious, hazardous

die Verleihung — bestowing

die Besatzungsmacht — occupational power

die Ausübung — practice carrying out (of duty)
die Kurzwellensendung — short-wave transmission

die Forschung — research
fördern — to provide

Nach dem Krieg hatten das Theater und die Film- und Rundfunkindustrien große Schwierigkeiten, ihren Vorkriegsruf wiederzugewinnen. Nach der Währungsreform 1948 als Folge der Wirtschafts- und Finanzkrise bis zum Jahr 1951, war es ziemlich schwer, finanzielle Unterstützung für den Wiederaufbau kriegszerstörter Theatergebäude zu bekommen, aber es ist dem Bunde gelungen, auf dem Gebiet der Theaterpflege eine weitere Entwicklung zu leisten. Wirtschaftlich musste die Filmindustrie nach dem Kriege vom Nichts angefangen werden. Allerdings wurden der Industrie von den Alliierten und von selbst einige Beschränkungen auferlegt, aber seit 1953 haben die Deutschen ihr eigenes Filmvermögen zurück. Das Bundesjugendschutzgesetz versucht den gefährlichen Einfluss von Filmen auf die Jugend zu beschränken. Das Jugendverbot oder Schnittanordnung bedenklicher Filmabschnitte wird von den Ländern bestimmt. Dagegen befindet sich eine Filmbewertungstelle der Länder in Wiesbaden, die wertvolle Filme anerkennt. Dazu gibt es eine jährliche Verleihung des „Deutschen Filmpreises" und eine Institut für Film und Bild. Nach dem Krieg installierte die amerikanische Besatzungsmacht in allen Zonen einen staatsunabhängigen Rundfunk, der in der Britischen Besatzungszone das Vorbild der BBC annahm. Die französische Besatzungsmacht folgte dem Vorbild der Britischen Zone. Die Ausübung der Rundfunkanstalten vor der Existenz des Bundes war die Aufgabe der Besatzungsmächte. Nach der Konstituierung der Republik fingen die bestehenden sechs Rundfunkanstalten an, die Kurz- und Langwellensendungen, den Beginn des Fernsehens, sowohl als auch Forschung und Entwicklung dafür zu fördern.

DEUTSCHE KUNST

Um 1500 zeigten die Maler Nordeuropas Interesse in italienischer Kunst. Spätgotischer Stil, aber, war noch sehr stark. Es folgte danach ein Streit darüber. Der Stilstreit zeigte sich im Vergleich zwischen den zwei grössten nördlichen Malern dieser Zeit, Matthias Grünewald und Albrecht Dürer. Beide waren Deutsche mit gleichem Hintergrund, und doch waren ihre Zwecke anders.

Grünewalds Meisterstück, „Der Isenheimer Altar", wurde gemalt, als Michelangelo die Sistinische Kapelle beendete. Seine vier grossen hölzernen Altarflügel wurden auf beiden Seiten gemalt. Seine Vorstellung war noch spätgotisch. Die Auferstehung zeigte das Wunder: Christ wird wieder Gott mit einer explodiernenden Himmelfahrt.

Wenig ist von Grünewalds Leben bekannt; Dürers Leben kann fast genau verfolgt werden. Dürer fing, an, im Alter von dreizehn Jahren zu zeichnen. In seinem Selbstbildnis, 1500, ist es sichtbar, dass Dürers Stil italienisch war. Dürer war auch der beste Graphiker seiner Zeit. Diese Drucke waren von zweierlei Arten: Kupferstiche, worin die Linien des Bildes in Kupfer eingeätzt werden und Holzschnitte, worin die Linien in ein Stück Holz geschnitten werden. Mit beiden können dann Abdrücke und viele Kopien gemacht werden.

Hans Holbein der Jüngere wurde der letzte der grossen deutschen Meister dieser Periode. Seine bekanntesten Werke sind Porträte, die er in England malte, wo er die späteren Jahre seines Lebens verbrachte. Das Porträt von Georg Gisze, 1532, zeigt den Ausgleich zwischen nordeuropäischer und italienischer Renaissancekunst.

Lukas Cranach (1472-1553) verlebte viele Jahre in Süddeutschland und Österreich, wo er lernte, die Natur zu lieben. Mit einem Hintergrund der Natur malte er „Die Flucht nach Ägypten". Er wurde

---

der Stilstreit — stylistic argument
der Vergleich — comparison

der Altarflügel — altar wing
die Vorstellung — conception

das Selbstbildnis — self-portrait

der Kupferstich — copperplate engraving or print

verbringen — to spend (time)
der Ausgleich — compromise

24

später Hofkünstler in Sachsen und er verdankte seinen Ruhm Martin Luther.

Albrecht Altdorfer von Regensburg war auch Maler der Natur.

Zwischen der Renaissancekunst und dem 20. Jh. gab es zwar deutsche Kunst, aber nicht die hervorrangenden Künstler des früheren Aufblühens der Renaissance.

das Aufblühen — flourish

Die neue Kunstpolitik im Dritten Reich übte Einfluss auf das zeitgenössische Kunstwesen aus, und nur nach dem Kriegsende bietet der Staat dem Künstler die unverbrüchliche Garantie seiner künstlerischen Schaffensfreiheit. Die Föderung der Kunst hat keinen Einfluss auf die allgemeine soziale und gesellschaftliche Krise der heutigen Künstler, der auf keiner materiellen und sozialen Grundlage unterstützt wird, weil die Gründe außerhalb dieses Aufgabenbereiches des Staates liegen. Damit wird nicht gemeint, dass der Staat den Verpflichtungen entsagt, die bildende Kunst zu unterstützen; durch Ausstellungen, Ankauf von Kunstwerken, Stiftung von Kunstpreisen und durch Unterstützung hervorrangender Künstler, schafft die Bundesrepublik Hilfe woimmer möglich. Diese „Künstlerhilfe" besorgt Hilfe besonders für die alten Künstler, die sich in wirtschaftlicher Not befinden. Viele deutsche Länder und Städte haben nach dem Krieg Kunstpreise für Malerei und Bildhauerei, und auch für Musik und Literatur gestiftet.

zeitgenössisch — contemporary

entsagen — to disclaim
die Stiftung — establishment

Die zahlreichen Möglichkeiten für Künstler auf dem Gebiet der Denkmalpflege, der Volkstums- und Heimatpflege, des Natur- und Landschaftsschutzes öffentliche Anerkennung zu finden, sind nur einige Beispiele, die im Rahmen ihrer kulturellen Bedeutung genannt werden müssen.

DEUTSCHE MUSIK

das Rokoko — rococo

Während der Barock- und Rokokoperiode wurden die Namen von Bach, Händel, Haydn, Mozart, und zum Teil Beethoven berühmt.

Johann S. Bach wurde in Thüringen geboren und wurde der bedeutendste einer musikalischen Familie.

der Kapellmeister — conductor (choir or orchestra)

Er war Organist, Kapellmeister und Direktor der St. Thomas Schule für Chorwerke. Er wurde dank Mendlessohn und Schumann berühmt und die Bachgesellschaft wurde gegründet, um seine Werke

herausgeben — to publish
die Messe — mass
Matthäus — Matthew

herauszugeben. Einige seiner Choralwerke sind: Messe in B-moll, die Passionen von dem Heiligen Matthäus und dem Heiligen Johannes, viele Kantaten, Oratorien, Motette, usw,; instrumentalisch: Werke für Klavikord und altmodisches Klavier (Harpsichord), Fugen, Variationen, die Brandenburgkonzerte, Tokkaten, Sonaten, usw.

Georg F. Händel wurde 1685 geboren und war Organist und Operkomponist im italienischen Stile in Italien und Deutschland. Er liess sich 1716 in London nieder, wo sein Patron Georg I. war und wurde englischer Bürger. Er war Direktor der Staatsmusikakademie und komponierte Oratorien auf englisch 1740. Er wurde in der Westminsterabtei gegraben. Er komponierte Opern, Oratorien (z.B. „Messias"), Orgelkonzerte, Concerti Grossi, Suiten (z.B. „Wassermusik") usw.

Josef Haydn, Österreicher, studierte in Wien und hat viele Musikstellen gehabt, besonders als Kapellmeister. Er hatte grossen Erfolg in Wien und im ganzen Europa. Er ist durch seine Symphonien und

die Kammermusik — chamber music
die Schöpfung — creation

Kammermusik berühmt: zum Beispiel, „Die sieben letzten Wörter", die Oratorien („Die Schöpfung" und „Die Jahreszeiten"), Kantaten, Messen, Opern, 125 Symphonien (besonders „Die Überraschung"), Konzerte, Sonaten, Streichmusik und Klaviermusik, Divertimenti, usw.

Mozart, zu Salzburg, Österreich, geboren, studierte Musik schon unter seinem Vater, als er erst drei

das Auftreten — appearance

Jahre alt war. Er lehrte sich selbst, viele Instrumenten zu spielen und zu komponieren. Sein erstes Auftreten war im Alter von sechs; seine ersten Werke wurden im folgenden Jahre herausgegeben. Als Kind machte er Reisen nach England, Frankreich und Italien. Er wohnte hauptsächlich in Wien. Er starb 1791 arm. Er schrieb Messen (besonders „Requiem"), Arien, Opern auf italienisch („Don Juan oder Don Giovanni"), „Cosi Fan Tutte", „Hochzeit des Figaro", „Zauberflöte", „Entführung aus dem Serail"), Symphonien, Divertimenti, Klavierkonzerte, Streich- und Geigenkonzerte, Sonaten, Variationen, Minuetten, Fugen, Orgelmusik, usw.

erschüttern — to affect deeply

der Trost — comfort, consolation

Ludwig van Beethoven, Klassiker, wurde 1770 zu Bonn am Rhein geboren, studierte kurze Zeit mit Haydn und wohnte in Wien. Es ist traurig, dass Beethoven, der durch seine Musik so viele Herzen bis ins Innerste erschütterte, mit vierzig Jahren schwerhörig und später ganz taub wurde. Er, der sich früher unter seinen Freunden wohlgefühlt hatte, begann die Menschen zu meiden und suchte auf einsamen Wanderungen Ruhe und Trost in der Natur. Um 1815, als Beethoven sein Gehör schon fast völlig verloren hatte, waren acht von seinen neun Symphonien, die meisten seiner Klavierstücke und Kammermusikwerke, auch seine Oper „Fidelio" bereits entstanden. Aber gerade dann schuf der taube Beethoven zwei Kompositionen, die das Tiefste enthalten, was seine Seele der Welt in Tönen zu sagen hatte: die grosse „Neunte Symphonie" und die „Missa Solemnis" (die feierliche Messe). 1827 starb Beethoven; fast ganz Wien strömte zur Leichenfeier. Er hat auch viele andere Werke geschrieben.

die Leichenfeier — funeral service

der Dirigent — orchestra conductor

Carl Maria von Weber, Romantiker, war Klavierspieler und Dirigent. Er reorganisierte die Oper zu Prag und Breslau. Er starb in London, nachdem er seine Oper „Oberon", für Konvent Garten geschrieben, beendet hatte. Unter anderen schrieb er auch den „Freischütz".

die Begleitmusik — incidental music

Felix Mendelssohn, Hamburger, komponierte im Alter von siebzehn die Begleitmusik zu einem Sommernachtstraum. Er war in der Bachgesellschaft bedeutend, da er die Bachwerke entdeckte und

27

die Aufführung —
performance

herausgab. Als er zwanzig Jahre alt war, dirigierte er die erste Aufführung von Bachs Matthäuspassion seit dem Tode des Komponisten. Mendelssohn wohnte hauptsächlich in Berlin, Düsseldorf und Leipzig und er war oft Dirigent. Er hat Oratorien, Lieder, Symphonien, Ouvertüren, Konzerte, Kammermusik,

das Streichquartett —
string quartet

Streich- und Klavierquartette, Sonaten, usw. geschrieben.

Franz Schubert, 1797 zu Wien geboren, lehrte und komponierte in seinen extra Stunden. Er schrieb 144 Lieder im Jahre 1815. Nach 1817, lebte er von den

die Schenkung — gift,
donation
sich unterstützen —
support oneself

Schenkungen seiner Freunde; er konnte sich nie als Komponist unterstützen und bis zum Jahr seines Todes, 1838, gab er kein Konzert von seinen eigenen Werken. Nur 31 Jahre alt ist Schubert 1828 in Wien gestorben. Er komponierte mehr als 650 Lieder, manchmal so viele wie acht am Tage (z. B. „Heidenröslein"), „Erlkönig", „Die Winterreise"), Symphonien (besonders „Die Unvollendete"), Streichund Klaviermusik, usw.

Robert Schumann wohnte in Sachsen und heiratete Clara Wieck, die auch durch die Musik berühmt wurde. Er gründete die „Neue Zeitschrift für Musik". Später ist er geisteskrank geworden und er starb 1856. Unter anderem schrieb er Symphonien, Klavierstücke, und er komponierte Liederkreise.

Johannes Brahms wurde in Hamburg geboren und war ein Freund Schumanns. In Wien dirigierte er die „Gesellschaft der Musikfreunde". Er komponierte „Ein deutsches Requiem", Lieder, Symphonien,

ungarisch — Hungarian

Konzerte, Sonaten, Ungarische Tänze, usw.

Johann Strauss (Vater) schenkte der musikalischen Welt den Wiener Walzer. Noch zu dieser Zeit hatte

begabt — talented

auch sein hochbegabter Sohn, der wie der Vater Johann hiess, sein eigenes Orchester gegründet. Der Walzer von Johann Strauss (Sohn) „An der schönen blauen Donau" ist zur musikalischen Charakteristik des Wienerischen und Österreichischen geworden.

Richard Wagner, zu Leipzig geboren, reiste durch Europa. 1848, als er als Revolutionär von Deutschland fliehen musste, ging er nach Zürich, Paris, London, Wien, unter anderen Städten. Durch die

die Unterstützung —
support

Unterstützung Ludwigs II. von Bayern, hatte er

grossen Erfolg in München und er erhielt sein Theater in Bayreuth, 1872. Die Grundthemen seiner Opern nahm er meistens von deutschen Mythen. Seine Hauptopern sind: „Der fliegende Holländer", „Tannhäuser", „Lohengrin", „Tristan und Isolde", „Der Meistersinger von Nürnberg", „Der Ring des Nibelungen", („Das Rheingold", „Die Walküre", „Siegfried", „Die Götterdämmerung") und „Parsifal". Er schrieb auch das „Siegfried Idyll", um die Geburt seines Sohnes zu feiern.

Spätere Komponisten sind: Richard Strauss („Elektra", „Der Rosenkavalier", „Salomé", „Don Juan", „Tod und Verklärung", „Till Eulenspiegels Lustige Streiche"); Anton Bruckner (neun Symphonien); Mahler (neun Symphonien und Choralwerke); Wolf (Lieder); Schönberg („Verklärte Nacht", Orchester- und Klavierstücke).

Während der Jahren 1933-45 gab es für Deutschland keine oder nur wenige Möglichkeiten für die Musiker oder Komponisten an den Bewegungen des internationalen Musikschaffens teilzunehmen. Die Aufführungen der Werke der berühmten zeitgenössischen Komponisten Hindemith, Stravinsky, Bartok, und Schönberg waren Leistungen von denen, die als „entartet" galten. Nach 1945 konnten die Deutschen in den neueren Entwicklungen der Welt der Musik teilnehmen. Die Zwölftonmusik Schönbergs und seiner Schule hat dem ausländischen Musikschaffen eine besonders starke Anregung gegeben.

Das öffentliche Konzertsystem bemüht sich um die Pflege der neuen Musik gegen die enge Haltung des Publikums. In dieser Beziehung hat der Rundfunk seine Aufgabe gefunden, neue Musik zu verbreiten. Die Opernhäuser und öffentlichen Orchester, die beinahe ohne Ausnahme von den Gemeinden und Ländern unterstützt werden, sind für den Hauptteil des öffentlichen Musiklebens verantwortlich. Es gibt allerdings auch viele private Organisationen und Chorvereinigungen, die auch zum Teil öffentlich unterstützt werden.

Unglücklicherweise hat des Hausmusizieren seine Wichtigkeit verloren. Um der Betonung auf Gesell-

entgegenwirken —to
counteract

die Bestrebung —
effort, endeavour

schaftsmusik entgegenzuwirken, gibt es überall, nicht nur in Deutschland, die Bemühungen, Volks- und Jugendmusikschulen zu gründen. Alle diese Bestrebungen werden von Ländern, Gemeinden und Bund unterstützt. Auch im Bundesjugendplan gibt es einen Platz dafür. Um das Musikschaffen im In- und Ausland zu verbreiten, besorgt die Bundesrepublik auch dafür finanzielle Unterstützung. Dazu befinden sich in Deutschalnd neben zahlreichen städtischen Konservatorien auch acht staatlichen Musikhochschulen. Nur durch ausgezeichnetes musikalisches Schaffen kann Deutschland den alten Ruhm wiedergewinnen.

TEIL II: EIN KURZER ABRISS DER LITERATUR

die Strömung —
current, (trend)

Es ist unmöglich in einem kurzen Abriss, 1900 Jahre der deutschen Literatur zu besprechen. Es wird hier nur versucht, die wichtigsten Werke u. Strömungen zu beschreiben.

A. DIE FRÜHGERMANISCHE UND DIE ALTHOCHDEUTSCHE ZEIT (BIS CA 1050).

das Heldenlied —
heroic song

mündlich — oral

der Stamm — tribe,
family

Das Heldenlied der Völkerwanderungszeit gilt gewöhnlich als der erste schriftliche Versuch der Altgermanen. Durch die mündliche Überlieferung entstanden Veränderungen, wobei Dichtung und Geschichte zu Sagen sich vermischten. Jeder Stamm schuf seine eigenen Sagen über Männern, die nicht zurselben Zeit gelebt hatten. So entstanden verschiedene Heldenkreise, wovon die wichtigsten sind:

die Waffe — weapon,
arm

1. der ostgotische Sagenkreis mit Ermanarich, Dietrich von Bern u. seinem Waffenmeister Hildebrand;
2. der fränkische Sagenkreis mit Siegfried, Brunhilde und den Nibelungen;
3. Der burgundische mit Gunther, Kriemhild, Hagen, und Brunhilde;
4. der hunnische mit Etzel (Attila) und seiner Gemahlin Helche, mit Kriemhilde, und seinem Dienstmann;
5. der Seesagenkreis mit Hilde, Gudrun, Hettel und Herwig.

beschaffen — to create

Die ursprüngliche Form der Sagen ist unbekannt, aber ihr Inhalt lebte im Volk und beschaffte den Stoff, weitere Volkssagen und Volkslieder zu komponieren.

Karl der Grosse soll eine Sammlung altes Dichtungsgutes haben sammeln lassen, um es für die Nachwelt zu retten, aber sein Sohn, Ludwig der Fromme soll gleichfalls alles zerstört haben, denn

heidnisch — heathen

für ihn war es heidnische Literatur. So gingen

31

Jahrhunderte des Literaturgutes verloren. Doch, auf Island ist das nicht geschehen; da lebten noch die alten Götter- und Heldensagen, wo man 1643 eine Handschrift gefunden hat, die den Namen „Edda" trägt, und die wahrscheinlich um 1230 verfasst wurde. Der Inhalt entschliesst alte Lieder von Helden und Göttern, sowohl als auch Spruchdichtungen, wovon die ältesten wohl im 9. Jahrhundert entstanden. Aber von grösserer Bedeutung für die deutsche Literatur ist die „Lieder-Edda". Die meisten ihrer Lieder haben allgemeingermanischen Inhalt und ihre Helden sind Goten und Franken, obwohl einige Lieder in Form und Stoff rein nordländisch sind. Nur zwei Sprachdenkmäler aus der vorchristlichen Zeit sind erhalten: ein Bruchstück des „Hildebrandsliedes", um 820 im Stabreim geschrieben, das dem gotischen Sagenkreis der Völkerwanderungszeit angehört und den tragischen Kampf Hildebrands mit seinem Sohn schildert; und die „Merseburger Zaubersprüche", worin es geschrieben wird, wie man mit Hilfe der Zauberformel einen Gefangenen befreien kann und auf welche Weise man ein lahmes Pferd heilen kann.

Das Hauptbeispiel der germanischen Dichtung unter den ersten Einflüssen des Christentums ist die Bibelübersetzung des Wulfilas um 350 aus dem Griechischen ins Gotische. Er benutzte drei Arten der Buchstaben, nämlich das griechische Alphabet, lateinische Schriftzeichen und germanische Runen. Er schuf aus allen eine neue Buchstabenreihe, die gotische Schrift mit fünfundzwanzig Zeichen. So konnten die Goten als die ersten unter germanischen Stämmen, längere Texte lesen und schreiben. Was den Text betrifft, ist das Original verloren, und die vier Bruchstücke sind Kopien des Originals. Nur ungefähr die Hälfte umfasst die vier Evangelien. Die handgeschriebene Kopie trägt den Namen „Codex argenteus" („Silberne Handschrift"). Wulfila ist der erste Name eines germanischen Schriftstellers, der uns erhalten ist, und durch ihn ist die Sprache der untergegangenen Goten bekannt geworden. Obwohl die gotische Sprache nur verwandt ist, bildet die Bibelübersetzung die Grundlage für die Geschichte der germanischen Sprachen.

---

das Island — Iceland

die Spruchdichtung — epigrammic poetry

das Bruchstück — fragment
der Stabreim — alliteration

der Zauberspruch — incantation

die Rune — runic letter

umfassen — to comprise

die Bekehrung —
conversion

die Berührung —
touch

die Harmonie —
concord
die Zusammenfassung
— compilation

das Gewand — cloth,
robe
der Junger — apostle

die Burg — fortified
town

der Eid — oath

kahl — bald

volkstümlich —
national, popular
der Gegensatz —
opposition

Im 7. Jh. begannen die Westgermanen die Bekehrung zum Christentum, das eventuell zu einer Synthese zwischen der Antike und dem Heidnischen führte; auch brachte das Literaturgut Christentum in Berührung mit der Antike. Der christliche Einfluss stellte viele Probleme für das Heidnische dar, welches von der Kirche verdammt und durch christliche Themen ersetzt wurde. Die heidnischen Sänger starben allmählich aus und wurden durch Geistliche ersetzt. Sie wurden Mittler ihrer eigenen Dichtkunst, so dass man diese Periode als „Dichtung der Geistlichen" bezeichnen darf. Diese „neuen Dichter" versuchten, die alte Dichtung nachzuahmen, um eine Übergangsperiode zwischen den beiden Zeitaltern zu bilden. Man sieht diesen Übergang klar im Werk „Heliand", eine Evangelienharmonie, das heisst, eine Zusammenfassung der vier Evangelien in einer Erzählung. Das Werk wurde um 830 in altsächsischem Dialekt geschrieben. Der Dichter, wahrscheinlich ein Cleriker, beschreibt in ungefähr 6000 stabreimenden langen Zeilen das Leben des Heilands nach den Evangelien. In diesem Werke werden christliche Begebenheiten und Landschaften absichtlich in ein germanisches Gewand gekleidet, z.B.: Christus und seine Jünger treten als König und Mannen auf; die Städte Palästinas ähneln sächsischen Burgen. Der Dichter beschrieb die verdeutschten Eigenschaften der Bibel, wie er sie im Geist vorstellte. Dieses Werk ist das letzte im Stabreim.

Die berühmtesten Werke der deutschen Dichtung am Ausgang der Karolingerzeit sind: die „Strassburger Eide" in dem zwei Söhne Ludwigs des Frommen bei Strassburg vor ihren Heeren einen Eid gegen den dritten Bruder schworen. Um den Eid zu verstehen, schwor Karl der Kahle in deutscher, aber Ludwig der Deutsche in romanischer Sprache den Eid. Das Wort „deutsch" stammt schon vom Jahre 786 („diutisc" heisst „volkstümlich"). Es war gemeint, deutsch war die Sprache des Volkes im Gegensatz zue Lateinisch, die Sprache der Gelehrten. Seit 840 wurden diese Worte gebraucht, um die Nation zu bezeichnen; jedoch ist das dem „Heliand" ähnliche „Evangelienbuch" von Otfried mehr eine persönliche Bitte als ein Volksepos. Das letztere trägt auch den Namen „Krist".

tragen — to bear

Die Dichtung am Ausgang der althochdeutschen Zeit wurde von der lateinischen Sprache beherrscht. Alle Schulen wurden von der Kirche geführt. Deutsch galt als die Sprache des Volkes, der Unterschicht. Ein berühmtes Beispiel dieser Periode war die Nonne Roswitha von Gandersheim, eine gelehrte Frau ihrer Zeit, die auch religiösen Stoff in der lateinischen Sprache schrieb.

B. DIE MITTELHOCHDEUTSCHE ZEIT
(ca 1050-1500)

weltabgewandt —
turning away from the
secular

die Verachtung —
disdain, contempt
verwirklichen — to
realize
büssen — to atone, do
penance
die Predigt — sermon,
lecture

erwecken — to awaken

fördern — to promote,
provide

zur Folge haben — to
result in

die Ergebenheit —
fidelity
die Zucht — chastity

der Zügel — rein

Wegen der weltabgewandten Haltung der Kloster zur Zeit der Klosterreformen, verlor alle akademische Wissenschaft an Bedeutung. Es wurde die Zeit der Weltabgewandheit, der Weltverachtung und Vorbereitung auf den Tod. Um ihr Ideal zu verwirklichen, mahnten die Geistlichen zuerst die Bauern zu büssen, und dafür gab es eine Reihe von Predigten, religiösen Sagen und Legenden, Visionen, Sündenklagen und Gebeten aus dem biblischen Stoff in der deutschen Sprache, um das Interesse des Bauernstandes zu erwecken. Aber die Geistlichen konnten die Freude am Leben nicht unterdrücken; so verlor diese Bewegung an Wichtigkeit. Diese Geistlichen, welche die akademische Welt von 800 bis 1100 führten, mussten allmählich zurücktreten, und an ihre Stelle traten die Ritter, denen die weltverneinende Dichtung nicht gefiel; das Rittertum förderte die weltliche Poesie und die Muttersprache.

Das Erstarken des Rittertums führte ca 1150 zu einer sozialen und geistigen Entwicklung, die nationale und weltliche Poesie auf dem Gebiet des Epos und der Lyrik zur Folge hatten. Die Schrift und Dichtersprache waren mittelhochdeutsch.

Die Ideale der ritterlichen Dichter sowohl als auch der Ritter waren: Reinheit, Sittsamkeit, Stetigkeit, hoher Mut, inneres Glück, Treue, Ergebenheit, Zucht, Ehre, Freigebigkeit und Selbstbeherrschung. Die Frau gewann an Bedeutung in sozialer Stellung während der Rittertumsperiode.

Die Geistlichen waren nicht so plötzlich bereit, ihre Zügel der Macht zu überliefern, also geschah der Übergang allmählich (1130-1180) vom Religiösen zum Weltlichen. Es gab auch zu dieser Zeit fahrende Spielmänner oder Spielleute, die versuchten, auf den Höfen, Zeit zu vertreiben. Ein wichtiges Werk von dieser Periode war das erste Tierepos, „Reinhart Fuchs" (niederdeutsch und Goethe nach: „Reineke Fuchs").

Die Blütezeit der mittelhochdeutschen Dichtung wurde von zwei Heldenepen gekennzeichnet: „Das Nibelungenlied", das um 1200 von einem unbekannten österreichischen Dichter geschrieben wurde. Der Inhalt geht auf die Völkerwanderungszeit zurück. Richard Wagner dramatisierte das „Nibelungenlied" in seinem Musikdrama, 1876, in vier Teilen („Das Rheingold", „Die Walküre", „Siegfried" und „Die Götterdämmerung"). Die Dichter der Nibelungen verflechten germanische und heidnische Züge ineinander.

Diese Lebensperiode wurde auch von einer ritterlichenhöfischen Haltung charakterisiert. Es war die Zeit des Tournieren und der Pracht. Wenige Kennzeichen des Christentums waren zu bemerken.

Diese Literaturperiode wurde durch Ehre, Treue, Rache, Trotz und Bereitschaft (Todes) in tragischen Eposwerken gekennzeichnet. Die Charaktere handeln mit einer Erkenntnis des frühen Todes und sie stürzten auf ihn bewusst entgegen. Eine Ausnahme dieser Haltung bildete das „Gundrunlied", das Versöhnung, Friede, Glück und Hochzeitsfeier beschrieb.

Wie das deutsche Rittertum aus dem Französischen seine Haltung und seinen Geist borgte, so auch die Literatur ihre Quellen. In beiden Ländern wurden die Sagen über König Artus und seine Tafelrunde geliebt. Sogar das Wesen der Poesie wurde von den Deutschen übernommen. Die wichtigsten Epiker dieser Periode waren: Hartmann von Aue, Wolfram von Eschenbach und Gottfried von Strassburg, die „Der arme Heinrich", „Parzival" und „Tristan" schrieben. Die zwei letzteren Werke wurden von Wagner später vertont.

Die Minnesänger (ca 1150-1230) wurden Vorboten der ritterlichhöfischen Lyrik und waren ein Auswuchs der Troubadouren. Durch französischen Einfluss war die Liebeslyrik entstanden und zwar auf zweierlei Arten: eine niedere Minne, ein Werben um eine bestimmte Person, eine persönliche Sehnsucht nach ihr und die Sorge um ihren Verlust, und eine höhere Minne, die aus einer anderen Haltung wuchs. Diese Minne richtete sich an die „Herrin", an die

das Kennzeichen — characteristic

der Trotz — defiance

kennzeichnen — to characterize

entgegenstürzen — to rush towards

die Versöhnung — reconciliation

die Tafelrunde — round table

vertonen — to set to music

das Werben — courting, wooing

anrichten — to address

verheiratete Frau, nicht an das Mädchen. Der Sänger fühlte sich als ihr Vasall, und bat um ihre Huld, Zuneigung oder um ihren Lohn. Die Frau wird nur als das Idealbild des ritterlichen Mannes gesehen. Der Vornehmste unter den Minnesängern war Walther von der Vogelweide, der in seinen letzten Jahren den Niedergang der Sangeskunst und der ritterlichen Tugend beklagte. Seine Verse waren nicht mehr eine höfische Dichtkunst, sondern ein persönlicher Ausdruck, nicht mehr einer „Herrin" gewidmet, sondern einer Geliebte. Seine Sprüche, immer einstrophig, beschäftigten sich hauptsächlich mit der politischen Situation.

die Huld — favor

Das „Minnelied" wurde nicht gesprochen, sondern mit einem begleitenden Instrument (Geige, Harfe oder Zither) gesungen. Nach 1300 wurde angefangen, die Liederhandschriften zu sammeln.

Gegen Ende der Minnegesangperiode, erschien der Sänger Tannhäuser, ein Ritter, der sündete und büsste, und wieder sündete. Das Leben des Ritters wurde auch von Wagner in „Tannhäuser" vertont. Der Ritter Tannhäuser machte das Konzept des Minnegesanges lächerlich und verursachte hierdurch zum Teil den Verfall des Rittertums, wie auch „Don Quixote" auf dieselbe Weise das Rittertum endgültig zu Fall brachte.

„Meier Helmbrecht", ca 1250 von Wernhere der Gartenaere, kennzeichnet den Ausgang der ritterlichen Epoche in Deutschland.

Während der Zeit des Niedergangs gab es keine Dichtung. An den Höfen waren andere Interessen; z.B. das Schützen vor den Gefahren der Strassenräuber und der Aufstieg des Bauernstandes. Die zwei Literaturfolgen davon waren das Fördern des Volkliedes und der dramatischen Dichtung.

der Strassenräuber — highwayman
der Aufstieg — growth

die Zunft — guild

Sänger, die zu gewissen Zünften gehörten, versammelten sich zu besonderen Zeiten, gewöhnlich an Feiertagen, um ihre Dichtkunst zu üben. Sie hiessen Meistersinger. Ihr Versform folgte einem bestimmten Schema, das aus Zeilen mit vier Hebungen bestand und so viele Senkungen wie nötig, um einen Vers zu vervollständigen. Diese Poesie übte wenig Einfluss aus, mit Ausnahme von Hans Sachs, dem Schuster.

die Hebung — stressed syllable

vervollständigen — to complete

37

Diese Zeit reflektierte auch die Periode der Volkslieder, die zuerst nicht aufgeschrieben und nur mündlich übertragen wurden. Sie wurden zuerst im Mittelalter dann später von Herder in „Stimmen der Völker in Liedern" gesammelt.

Es fanden auch zu dieser Zeit Darstellungen von religiösen Begebenheiten in kleinen Szenen innerhalb des Altarraumes statt, später auf den Kirchhof verlegt, und noch später auf den Marktplatz. Der Inhalt wurde auch vom Religiösen bis endlich zum Weltlichen und Komischen verändert, von denen die ersten Fastnachtsspiele in Nürnberg aufgeführt wurden. Hans Sachs war Dichter von zahlreichen Fastnachtsspielen, die Vorläufer der heutigen Komödie wurden. Die Passionspiele, Szenen aus dem Leben Christi und der Jungfrau Maria, sind hier zu erwähnen, von denen das erste Oberammergauer Passionspiel schon im Jahre 1634 entstanden war. So entwickelten sich die Anfänge der dramatischen Dichtung.

Ein Beispiel der lehrhaften Reimdichtung bildet Sebastian Brandts „Das Narrenschiff", 1494, eine humorvolle Beschreibung der Taten von 112 Narren (Bauern, Studenten, u.s.w.), die die menschlichen Torheiten, Laster, Schwächen und Fehler verkörpern. Ein anderes Beispiel bildet „Reynke de Vos", das als Satire, gegen die Kirche und die Fürsten gerichtet, angesehen werden sollte. Dieser Titel wurde später von Goethe als „Reineke Fuchs" übernommen.

Hiernach folgten zwei Strömungen: die Entwicklung des Volksbuches und der Mystik. Den Höhepunkt der Volksbücher sieht man in dem Schwankzyklus „Till Eulenspiegel und seine lustigen Streiche", die lehren, dass alltägliches Sprechen und Handeln oft im Widerspruch stehen. Till war ein fahrender Bauernsohn, der dem Volk allerlei Streiche spielte, die zeigten, dass die Menschen durch kluges Gerede leicht oft zur Narrheit geführt werden können.

Der Volksprediger, Meister Eckehart, war Hauptvertreter der Bewegung, die Mystik (d.h. in sich versenken) hiess. Die Mystiker suchten innere Wege zu Gott und Seelenvereinigung mit ihm. Vor

verlegen — to move

das Fastnachtsspiel — shrovetide play (farce)

verköprern — to embody

der Mystik— mysticism

der Schwankzyklus — farce cycle

der Streich — prank

sich versenken — to plunge into (meditation)

das Sinnen—
contemplation
schaffen — to create

dieser Zeit unter den Scholastikern war solches Sinnen und Begreifen nicht möglich, und um diese neuen Gedanken auszudrücken, schufen sie neue Wörter, um diese Konzepte auszudrücken.

C. DIE NEUHOCHDEUTSCHE ZEIT (ca. 1500 an)

Die drei grossen Entwicklungen, die das Mittelalter abschlossen und die Neuzeit einführten, waren: Renaissance, Humanismus und Reformation, wobei Wissenschaft, Religion, Kunst der Staat und das Individuum an Bedeutung gewannen.

der Aufschwung — rise

Durch den Einfluss aus dem Orient und durch den Aufschwung der Wirtschaft entstand am Anfang des 14. Jahrhunderts in Italien eine Renaissance (d.h. Wiedergeburt), die sich bald über ganz Europa verbreitete. Interesse an der Wiederentdeckung und Nachschöpfung der Antike vergrösserte.

vergrössern — to increase

Der Humanismus läuft zeitlich parallel mit der Renaissance. Die Bewegung kann als die geistige Seite der Wiedergeburt charaktisiert werden. Die berühmten Werke der Antike wurden wieder mit der Betonung auf Geist und Ideal der Menschlichkeit gelesen. Der Humanismus wurde durch die erste Gründung einer deutschen Universität, 1348 in Prag, durch Kritik an der Kirche und durch die Erfindung des Buchdrucks gekennzeichnet.

Die Reformation bedeutet den Abschluss dieser grossen Bewegungen. In Luther sahen manche die Freiheit der Religion, nach der die Humanisten strebten.

der Ackermann — ploughman
der Trost — consolation

Den Übergang vom Mittelalter zum Humanismus sieht man besonders im Werke von Johann Tepl (Johannes von Saaz) „Der Ackermann aus Böhmen", das ein Streit- und Trostgespräch zwischen einem Ackermann und dem Tod war. Die Schönheit und der Wert des Lebens und das Recht des Menschen werden vom Ackermann betont. Der Tod dagegen,

die Sinnlosigkeit — absurdity

entreissen — to snatch away

als Vertreter des Mittelalters, betonte die Sinnlosigkeit des dieseitigen Lebens und seine Machte, das Leben zu entreissen.

Die Gedanken des Humanismus fanden nur mit Schwierigkeit ihren Ausdruck, denn die ganze Bewegung bediente sich der deutschen Sprache und die Geistlichen, die die Schrift in den Klosterschulen lernten, benutzten noch Lateinisch. Die wittenbergische Amtssprache und die sächsische Volkssprache wurden von Luther als die Sprache gewählt, die er in seiner Bibelübersetzung 1466 gebrauchte, deren Wirkung auf die Hochsprache Deutschlands grosse Entwicklung ausübte. Für seine Bibelübersetzung benutzte Luther die Sprache „der sächsischen Kanzlei"; so sagte er selbst. Aber da diese Sprache sehr arm an Wörtern und Begriffe war, musste er einen neuen Wortschatz schaffen. Er schrieb theologische Werke und Lyrik unter anderen.

Hans Sachs wurde schon im Zusammenhang mit dem Meistergesang erwähnt. Er dichtete auch Fabeln, geistliche Lieder, Lehrgedichte, und Fastnachtsspiele.

Zwei Meister der Satire zu dieser Zeit waren: auf protestantische Seite, Fischart, und auf katholischer Seite, Murner.

Das älteste Volksbuch der Reformationszeit war die „Historia von Dr. Johann Faustus", dem Schwarzkünstler, der sich dem Teufel auf eine bestimmte Zeit verschrieb. Dieses Thema haben viele Dichter (bis Thomas Mann) bearbeitet.

Zwischen 1585-1650 waren englische Schauspielertruppen an den Höfen und in den Reichsstädten in Deutschland beschäftigt. Diese Schauspieler — Komödianten genannt — führten Dramen englischen Ursprungs auf, die auf englisch gespielt wurden. Da die meisten der Deutschen kein Englisch verstanden, übten die Aufführungen an sich keinen bedeutenden Einfluss aus; nur die Mimik und der Humor der Schauspieler schienen wichtig. Der Hanswurst, oder „Clown" wurde einer der Hauptpersonen. So entstand die Begründung des Schauspielertums in Deutschland.

Die Entwicklung der Dichtung im Zeitalter des Barock (17. Jh.) hing von politischen Veränderungen, der Gegenreformation, dem 30jährigen Krieg und der Wirkung der Renaissance ab. Das Wort „Barock" stämmt wohl aus dem Portugiesischen „barocco", eine unregelmässige Perle. Das Kennzeichnen dieses Zeitalters war ein massiver Kirchenbau mit bunten

die Amtssprache — official language

eine Wirkung ausüben (auf) — to produce an effect (on)

das Lehrgedicht — didactic poem

verschreiben — to bind (sell) oneself

der Ursprung — origin

die Aufführung — presentation
ausüben — to have (effect upon)

41

Decken und einer grossen Kuppel, die verursachten, dem Menschen ein Gefühl nach aufwärts (und jenseits) zu geben. Die Kirche hatte einen Teil ihrer Macht zurückgewonnen. Die Spannungen zwischen dem Katholizismus und Protestantismus liessen manche Menschen in Unruhe und Zweifel. Die Verwüstungen des 30jährigen Krieges zeigte dem Menschen, dass alles Irdische Eitelkeit und Vergänglichkeit ist. Die Barockzeit war eine Ära des Zwiespalts und der Gegensätz — Weltlust und Weltentsagung, Leben und Tod, Mensch und Gott, Dieseits und Jenseits. Dieser Gegensatz zeigt sich auch in den zwei neuen Geistesrichtungen, die in dieser Zeit entstanden: Scholastik und Humanismus. Diese suchte Trost im Religiösen während jener einen Ausgleich zwischen Verstand und Glauben anstrebte. Besonders der Humanismus schaffte ihre Gemeinschaft der Gelehrten über die Landesgrenzen hinaus. Hierdurch wurde ein gegenseitiger Einfluss gefördert. Die Wirkung, die Frankreich auf Deutschland ausübte, war besonders stark. Durch die Nachahmung der Versformen und Versmasse entstanden fremde Formen in der deutschen Dichtung: Sonnett, Ode und Epigramm; jedoch pflegte man die deutsche Sprache. Opitz bestimmte in seinem „Buch von der deutschen Poeterey" die Regeln, Inhalt, und Versbau, dem französischen Muster nach, die das dichterische Schaffen jahrhundertelang beeinflussen sollten. Ausserdem gab es ein Versuch in den Sprachgesellschaften, fremde Wörter aus der deutschen Sprache zu entfernen und sie „rein" zu behalten.

Dichter, die nach Opitz' Regeln dichteten, nannte man zusammen „Die erste Schlesische Schule". Sie stammten allerdings nicht alle aus Schlesien. Darunter befanden sich die Dichter Logau, Gryphius, Fleming, und Dach, und die geistlichen Lyriker, Gerhardt auf evangelischer Seite, und Scheffler und Spee auf katholischer. — Einer der bedeutendsten barocken Romane aus dem 17. Jahrhundert war der abenteuerliche Entwicklungsroman „Simplicissimus Simplizissimus", eine Geschichte von einer Kindheit eines Knaben bis zu seiner Reife als Soldat im 30jährigen Krieg, und endlich zum späten Alter, wo

---

die Verwustung — desolation

die Eitelkeit — vanity
der Zwiespalt — discord

die Sprachgesellschaft — linguistic society

er sich bewusst wurde, dass alles Irdische, Eitelkeit war, und er ein ruhevolles Tugendleben suchte. Ein getreues Bild der Zeit und des Krieges war dargestellt. Das letzte Kapitel des Romans war ein Vorbote des „Robinson Crusoe": hier zieht sich der Held auf eine Insel zurück.

die Übertreibung — excess, exaggeration

Ein Kennzeichen des Barock war eine Übertreibung des Stils der Literatur als auch der Architektur, das Schwulst genannt wurde, ein absichtlich unnatürlicher Stil. Das gleiche geschah im ausländischen Hochbarockstil. In Deutschland wurden die Vertreter dieser Periode als die Zweite Schlesische Schule bekannt. Die berühmtesten unter ihnen waren Hofmannswaldau und Lohenstein. Ein Beispiel des Schwulstes und Bombastes sieht man in dem Titel von Lohensteins Roman über Arminius und Thusnelda (1689, unvollendet): „Grossmütiger Feldherr Arminius oder Hermann, als ein tapferer Beschirmer der deutschen Freiheit nebst seiner durchlauchtigsten Thusnelda, in einer sinnreichen Staats-, Liebes- und Heldengeschichte dem Vaterland zu Liebe, dem deutschen Adel aber zu Ehren

die Nachfolge — succession

und rühmlichen Nachfolge, in zwei Teilen dargestellt". Eine solche unnatürliche Bewegung wurde sehr kritisiert. Einer dieser Kritiker war Günther, der

die Aufklärung — enlightenment

zwischen den Barock- und Aufklärungsperioden lebte und ein Vorbote der klassischen Lyrik war.

Ausländische Dichtung erreichte zu dieser Zeit ihren Höhepunkt, ihre klassische Zeit, mit Werken von Shakespeare in England, Cervantes, Lope de Vega, Calderón und Tirso de Molina in Spanien, und Corneille, Racine und Molière in Frankreich.

Drei Bewegungen des 18. Jahrhunderts reflektierten das geistige Leben Deutschlands: Rationalismus, Pietismus und Rokoko. Diese drei überschneiden

die Wesenheit — entity

sich gegenseitig; sie sind keine Wesenheiten in sich. Der berühmte Philosoph Kant beschreibt in seinen Gedanken über den Rationalismus (Aufklärung), dass der Mensch vernünftig sein soll. Nur das, was

der Verstand — (common) sense

durch Verstand richtig erschien, galt als vernünftig. Die Rationalisten wandten dieses Kriterium am Glauben an, und deshalb fielen die Glaubenswunder weg. Sie versuchten, das Verhältnis des Menschen zu seiner Welt in Harmonie zu bringen. Gegen den Rationalismus wandte sich der Pietismus, der eine religiöse Bewegung innerhalb des Protestantismus war, die nach einer Vertiefung im Handeln und Denken strebte. Die Hauptvertreter dieser Bewegung sind der Pfarrer Spener, der Begründer, und sein Mitarbeiter Francke. Die dritte Bewegung, das Rokoko, entnahm den Namen vom französischen Baustil „Rocaille" (Muschelwerk); die Kennzeichen davon sind Leichtigkeit, zierliche Anmut und verzierte Bewegung. Alle Bewegungen werden in der Dichtung repräsentiert: Gottsched und Lessing vertreten den Rationalismus, Klopstock und der junge Wieland den Pietismus, die Anakreontiker und der reife Wieland das Rokoko.

Gottsched, wie vor ihm Opitz, versuchte eine Reform der Dichtkunst aufzustellen. Er benutzte das Muster der französischen Klassiker, die die drei Einheiten nach Aristotle verlangten. Er wollte auch den Hanswurst und die Oper aus dem Theater als nicht bühnengemäss verbannen; jenes ist ihm gelungen, aber nicht dieses. Mit der Erscheinung Mozarts und Glucks entwickelte sich eine neue Form der Oper. Gottsched dachte auch, dass die Kunst Moral lehren sollte. Der Dichter sollte ein Drama mit fünf Akten einem moralischen Aufsatz anpassen. Dazu gehörte in der Geschichte nur, was dem Verstand nach richtig war. Seine rationalen Ideale und diktatorische Haltung wurden besonders von jungen Dichtern und Schriftstellern nicht gut aufgenommen; zwei Gegner unter diesen waren Bodmer und Breitinger, die schrieben, dass Phantasie und Gefühl einen Platz haben sollten. Dieser Streit gegen Gottsched war so unbarmherzig streng, dass seine Verdienste lange unbeachtet waren, nämlich der Wunsch für die Reinheit der deutschen Sprache, die Verbannung des Hanswursts, und die Fragen nach Form und Inhalt des Dramas.

Gellerts Empfindsamkeit und Pietismus reflektieren sich in seinen geistlichen Oden und Liedern, und in seinen Fabeln und Erzählungen moralischer Auslegung und Lehre. Durch Beispiele der menschlichen Schwäche der bürgerlichen Welt wollte Gellert die Menschen verbessern und belehren.

---

die Vertiefung — deepening

zierlich — delicate
die Anmut — gracefulness
verziert — embellished, decorated
der Anakreontiker — writer of Anacreontic poetry

anpassen — to adapt

unbarmherzig — merciless

die Empfindsamkeit — sentimentality

die Auslegung — interpretation

44

Die Anakreontiker, Lyriker der Rokokoperiode, dichteten nach dem Vorbild des griechischen Lyrikers Anákreon (ca 540 vor Christus) Verse der Liebe, des Weines und des Lebensgenusses. Drei Vertreter dieser Bewegung sind Hagedorn, Gleim und Ewald von Kleist. Die erste Strophe eines Gedichts von Gleim fängt so an:

> „Rosen pflücke, Rosen blühn
> Morgen ist nicht heut!
> Keine Stunde lass entfliehn
> Flüchtig ist die Zeit!"

Darin sieht man nicht nur den griechischen Einfluss, sondern auch den römischen (Horaz), den französischen und den englischen ("Gather ye rosebuds while ye may").

Klopstock, der „deutsche Milton", erlebte plötzlichen Erfolg durch seine ersten drei Gesängen des „Messias", in dem er die Erlösung der sündigen Menschheit beschrieb. Der erste Gesang fand im Himmel statt, wo Gott sich entschloss der Menschheit durch Jesus die Erlösung zu bringen, und der zweite in der Hölle, wo die Höllenfürsten das Werk der Erlösung zu täuschen versuchten. Die restlichen der achtzehn Gesänge beschreiben die Ereignisse der letzten Tagen Jesu in Jerusalem bis zur Auferstehung. Klopstock schrieb auch schöne Oden, einige Dramen, die heute bedeutungslos sind, und geistliche Lieder. Obwohl Wieland wegen seiner Werke „Agathon" und „Oberon" berühmt wurde, bestand sein grosser Verdienst in seinen Shakespeare — Dramenübersetzungen (22).

Die wichtigsten von Lessings kritischen Schriften sind: „Hamburgische Dramaturgie", 1767-9, und „Laokoön oder Über die Grenzen der Malerei und Poesie", 1776, in dem er den Unterschied zwischen Malerei und Bildhauerkunst, und der Dichtung darstellt: die bildende Kunst hat die Aufgabe, das Körperliche und das Räumliche zu gestalten, während die Dichtung alles in Bewegung und Handlung auflösen muss. In der „Hamburgischen Dramaturgie", die er schrieb, als er als Kritiker und Dramaturg an einem Theater in Hamburg arbeitete, kritisierte er die französischen Tragödiendichter, weil sie die

die Erlösung —
redemption

täuschen —
to deceive

die bildende Kunst —
plastic arts
gestalten — to form,
fashion

45

drei Einheiten von Ort, Zeit und Handlung forderten, während Aristotle eigentlich nur die Einheit der Handlung verlangte.

Im Jahre 1755 erschienen in Lessings Drama „Miss Sara Sampson" drei neue Konzepte: es wurde das erste bürgerliche Trauerspiel; 1. gegen dei Ansichten von Opitz und Gottsched spielte sich die Handlung in der bürgerlichen Gesellschaft und nicht in der höchsten Gesellschaftsschicht ab; 2. es wurde in Prosa, anstatt im Alexandrinervermass geschrieben; und 3. das menschliche Gefühl wurde angesprochen, um hierdurch eine sentimentale Mitteilnahme hervorzurufen.

„Minna von Barnhelm oder das Soldatenglück", das erste wichtige deutsche Lustspiel, erschien 1767. Diese Komödie Lessings fand im Siebenjährigen Krieg staat. Zwei weitere Dramen Lessings sind „Emilia Galotti" und „Nathan der Weise". In dem letzteren vor allem kam Lessings Weltanschauung zum Ausdruck, nämlich Freiheit der religiösen Überzeugung, Duldung jeder Religion und Menschenwürde. In dieser Beziehung kann man Lessing als Aufklärer bezeichnen, denn er betonte Vernunft, Toleranz und das Handeln nach Einsicht.

Die Sturm- und Drangzeit, ca 1767-1787, entstand als eine Bewegung gegen die Aufklärung. Der Name wurde von Klingers Drama „Sturm und Drang" übernommen. Die Periode fing ungefähr mit der Erscheinung der „Fragmente" von Herder an und schloss mit Schillers „Don Carlos", 1787, ab. Shakespeare, Klopstock und Rousseau mit seiner Aussage, dass das Gefühl wichtiger als die Vernunft sei, wurden von den Stürmern und Drängern verehrt.

Die Betonung lag auf der Natur, wie sie von Rousseau dargestellt worden war. Sein „Naturbursche ohne Fesseln" wurde der Idealheld der Bewegung. Er kämpfte für Freiheit und die Freiheit des Genies. Die Folgen der Haltung dieser Sturm- und Drangdichter waren in ihrer Kleidung sichtbar. Die vier Hauptvertreter dieser Bewegung waren Hamann, und die jungen Herder, Schiller und Goethe.

Eine andere Gegenbewegung wurde von einer Gruppe geführt, die als der „Göttinger Hainbund" gekannt wurde. Klopstocks Ode „Der Hügel und der Hain" gab die Anregung für den Namen. Bei Mondschein ging die Göttinger Studentengruppe ins Land hinaus und in einem Eichengrund schwuren sie einander ewige Freundschaft und Aufrichtigkeit, tanzten und bekränzten sich. — Diese zwei Bewegungen gegen die Aufklärer zeigten ganz verschiedene Arten des Ausdrucks: für die Stürmer und Dränger war die Bindung des Reimes zu viel; sie zogen das Drama in Prosa vor; während im Hainbund hauptsächlich Lyriker waren.

Herder verfasste unter anderen kritischen Schriften zwei Essays: „Ossian und die Lieder alter Völker" und „Shakespeare", in denen er die Ursprünglichkeit und Gefühlstiefe der Volksdichtung und Shakespeares lobt. Er wusste nicht, dass die Gesänge des Schotten MacPherson (1736-96), die er auch lobte, keine uralten Lieder, sondern eigentlich ein Betrug waren. Sein bedeutendstes Werk erschien als eine Sammlung, „Volkslieder nebst untermischten anderen Stücken" (1778-9), die eigentlich nur vierzig Lieder deutschen Ursprungs einschloss, und die 1807 nach seinem Tode unter dem Titel, „Stimmen der Völker in Liedern" neu herausgegeben wurde.

Weitere Stürmer und Dränger waren Christian Schubart, der die Jugendlyrik Schillers beeinflusste; Müller, dessen Drama „Golo und Genoveva" später als Muster für Tieck und Hebbel bediente; Lenz, der in Moskau in Umnachtung starb und dessen Schicksal von Georg Büchner (1813-37) in seiner unvollendeten Novelle „Lenz" dargestellt wurde; und Klinger, ein Dramatiker, dessen Drama „Sturm und Drang" die Anregung für den Namen dieser Zeitperiode gab.

Die sechs Studierenden des Göttinger Hainbundes setzten sich das Ziel, nicht nur gegen die Aufklärung, sondern auch gegen die Stürmer und Dränger zu kämpfen. Einige Beiträge zu ihrer literarischen Zeitschrift „Göttinger Musenalmanach" wurden geliefert von: Voss, für den Klopstock mit seiner

die Anregung — stimulus

die Eiche — oak tree

vorziehen — to prefer

der Betrug — deceit, hoax

herausgeben — to publish

die Umnachtung — mental derangement

der Beitrag — contribution

liefern — to furnish; supply

47

religiösen und vernünftigen Haltung und Empfinds-
amkeit der Geist der Göttingenbewegung wurde und
dessen Werke „Der siebzigste Geburtstag" und
„Luise" Vorbilder für Goethes „Hermann und
Dorothea" wurden, Naturlyriker Hölty, von Leopold
Graf zu Stolberg, der auch Übersetzungen aus der
Antike veröffentlichte, und von Balladendichter
Bürger, der auch das humorvolle Volksbuch „Münch-
hausen" schrieb.

Claudius war dem Göttinger Hainbund nahe, und
gab die volkstümliche Zeitschrift „Der Wandsbecker
Bote" heraus. Er schaffte einige der schönsten
Gedichte der deutschen Dichtung.

Klassisch im literarischen Sinne bedeutete wesent-
lich vollkommen mit Nebentönen der Antike. Die
klassische Periode brachte die Bewegung des
Rationalismus und die Bewegung des Gefühls (vom
Pietismus, dem Sturm und Drang und dem
Göttingen Hainbund repräsentiert) in Harmonie
zusammen. Geist und Körper wurden wie in der
Antike als eine harmonische Einheit gesehen. Kant,
der Philosoph, der grossen Einfluss auf Schiller hatte,
stellte fest, dass Erkenntnis aus der Vernunft und der
Erfahrung kommen sollten und betonte, dass die
innere Freiheit des Menschen im moralischen
Pflichtbewusstsein liegt.

Die zwei hervorragenden Dichter der Weimarer
Klassik waren Goethe (1749-1832) und Schiller
(1759-1805); in Weimar waren beide dichterisch am
Hofe des Herzogs Karl August von Weimar tätig.

In seinen Sturm- und Drangjahren schaffte
Goethe viele leidenschaftliche Gedichte und Balladen,
die zu Volkslieder geworden sind (z.B. „Heiden-
röslein" und „Willkommen und Abschied"). Später
in Weimar dichtete er unter anderen, „Wanderers
Nachtlied" und „Grenzen der Menschheit", und
noch später nach der italienischen Reise, „Römische
Elegien". Zwei seiner schönsten Balladen waren der
„Erlkönig" und „Der König in Thule". Goethes
„Gotz von Berlichingen" war das bedeutendste
Drama der Sturm- und Drangperiode. Es war eine
Lebensbeschreibung des Ritters Gottfried von
Berlichingen, der 1562 starb. Die Sturm- und

das Bewusstsein —
consciousness
hervorragend —
prominent

tätig — active

leidenschaftlich —
passionate

das Genie — (literary) genius

der Übergang — transition

spiegeln — to reflect

das Puppenspiel — puppet play

der Abteil — section

das Unternehmen — enterprise
der Kolonisator — colonist
verhandeln — to negociate, barter

edle (edel) — noble, exalted

sich bemühen — to exert oneself

die Schar — host

das Qual — torment, affliction

Drangmerkmale dieses Werkes waren die Sprache und der kompromisslose Kampf um Genie. Die nächsten Dramen, die erschienen, nachdem Goethe nach Rom ging, waren: „Egmont", der Freiheitskämpfer im holländischen Krieg gegen Spanien, und „Iphigenie auf Tauris", dessen Stoff aus der griechischen Sage stammt. Das erstere kann als der Übergang vom Sturm und Drang zur Klassik bezeichnet werden und das letztere mit seinem Humanitätsideal als die reinste klassische Dichtung Goethes. Der italienische Dichter Tasso (1544-1595) war Vorbild für Goethes Drama mit demselben Titel, das viel von seinen eigenen Erlebnissen und Anschauungen wiederspiegelte.

Das Thema Faust stammt aus der Volksperiode des 16. Jahrhunderts und erschien auch als Puppenspiel, welches Goethe als Kind sah. „Faust" beschäftigte Goethe fast sein ganzes Leben. Die Hauptabteile der Dichtung sind: 1. Faust und die Welt des Übernaturlichen; 2. Die Gretchenepisode; 3. Faust in der antiken Welt; 4. Fausts Unternehmen als Kolonisator; 5. Fausts Begnadigung. Obwohl Faust dem Teufel seine Seele verhandelte, wurde er doch am Ende gerettet, weil er in seinem dunklen Drange Gott entgegenkam und die ewige Liebe empfing. Die letzten Wörter der Begnadigung „Fausts" sind:

„Gerettet ist das edle Glied
Der Geisterwelt vom Bösen,
Wer immer strebend sich bemüht,
Den können wir erlösen.
Und hat an ihm die Liebe gar
Von oben teilgenommen,
Begegnet ihm die selige Schar
Mit herzlichem Willkommen."

Die epischen Werke Goethes schliessen die folgenden ein: der sentimentale Roman des Sturm und Drang „Werther", der vielleicht eine Befreiung für Goethe selbst von innerer persönlicher Qual bedeutete. Die Beschreibungen der Natur und Herzensgefühle machte das Werk lange zum beliebtesten Roman; der Entwicklungsroman „Wilhelm Meister", welcher die Erlebnisse und

49

Erfahrungen des Lebens Goethes reflektierte; „Hermann und Dorothea", das mit dem deutschen Kleinstadtleben und dem Schicksal der Vertriebenen der Französischen Revolution handelt; „Die Wahlverwandtschaften" stellen eine Geschichte dar, worin zwei Liebende den Tod wählten, weil der Mann schon verheiratet war, und Goethe fühlte die Notwendigkeit, sich nach dem Sittengesetz zu richten; „Dichtung und Wahrheit", ein autobiographisches Werk Goethes, welches die Begebenheiten seiner Jugend beschreibt und dieselben bewertet.

Schillers grosse Leistungen waren als Historiker und Philosoph; trotzdem ist er hauptsächlich durch seine Dramen bekannt. Seine frühen Dramen schliessen ein: „Die Räuber", das den Kampf gegen das despotische Zeitalter darstellt. Auch handelt „Die Verschwörung des Fiesko zu Genua" mit dem Ideal der Freiheit; ein bürgerliches Trauerspiel „Kabale und Liebe" kritisiert die sittenlose Lage an den deutschen Höfen. Das Drama „Don Carlos", eine Staatstragödie, die Menschenwürde, Völkerfreiheit und Völkerfrieden verkörpert, gehört nicht mehr zur Sturm- und Drangperiode. Seine späteren Meisterdramen bestehen aus den folgenden: „Wallenstein", eine Trilogie, die den Stoff des 30jährigen Krieges behandelt; „Maria Stuart", ein historisches Drama über das Urteil Elizabeths der Ersten von England gegen die schottische Königin Maria Stuart; „Die Jungfrau von Orléans", die Schiller in ihrer Aufgabe beschrieb, Frankreich vom englischen Joch zu befreien, und die als Folge ihrer Sünde zum Verbrennen verurteilt wurde. In der „Braut von Messina" bediente er sich antiquen Stoffes; „Wilhelm Tell" ist Schillers letztes klassisches Drama und verkörpert die Idee der Freiheit.

Einige von Schillers grössten Leistungen lagen in der Gedankenlyrik und Balladendichtung; z.B. behandelt er in den Gedichten, „Die Künstler" das Verhältnis zwischen Kunst und Leben, in „Das Ideal und das Leben" das Ideal und die Wirklichkeit, in dem „Lied von der Glocke" das Menschenleben, und in der Ballade „Die Kraniche des Ibykus" die göttliche Gerechtigkeit.

Einige seiner historischen und philosophischen Schriften sind: „Geschichte des Dreissigjährigen Krieges", „Über Anmut und Würde", „Vom Erhabenen" und „Über die ästhetische Erziehung des Menschen".

Zwischen den klassischen und romantischen Perioden fand das Schaffen von drei grossen Dichtern statt: Hölderlin, Jean Paul (Friedrich Richter), und Heinrich von Kleist. Der Roman „Hyperion" und die Dichtung Hölderlins waren eine Vermischung zwischen griechischer und romantischer Sehnsucht. Die Form und das Versmass waren griechische Nachahmung oder freier Rhythmus. Der Ruhm Hölderlins wächst heutzutage allmählich, während der Jean Pauls in Vergessenheit gerät, weil seine Romane und Erzählungen, obwohl sie zu jener Zeit beliebt waren, für die heutigen Leser zu schwärmerisch sind. Kleist, wie Schiller, stand dem Militärdienst ablehnend gegenüber. Alle von Kleists Werken sind bedeutend; besonders nennenswert sind: seine Charakterkomödie „Der zerbrochene Krug"; seine grosse Tragödie „Penthesilea"; das romantische Märchen „Das Käthchen von Heilbronn"; „Die Hermannschlacht" gegen den Tyrannen Napoleon geschrieben; „Der Prinz von Homburg", in dem sich der Widerstreit zwischen dem Willen des Einzelnen und dem Recht des Staates spiegelt und in dem die Freiheit des Individuums in seiner moralischen Pflicht auf dem Spiele steht; und die problematische Novelle „Michael Kohlhaas", in der das beharrliche Rechtsgefühl, den Helden zum Mörder machte. Das Leben Kleists endete in Selbstmord.

Die deutschen Romantiker sahen die Begebenheiten und Folgen der Französischen Revolution als etwas Erschütterndes an. Was von der Erhebung erhofft wurde, kam nicht zustande und lief auf den Umsturz des politischen, sozialen, philosophischen und religiösen Lebens hinaus. Die Literatur wurde von einer Mischung von Ironie, Klage und Sehnsucht gekennzeichnet, in der die Romantiker auf ein vollkommeneres Leben durch die Poesie hofften als ein Leben voll von Ungültigkeit, Zwiespalt, Zweifel,

---

das Erhabene — the sublime

in Vergessenheit geraten — to sink into oblivion

schwärmerisch — fanciful

ablehnen — to decline

auf dem Spiel stehen — to be at stake

beharrlich — persistent

erschüttern — to shake, cause shock

der Umsturz — upset

hinauslaufen auf — to result in

die Ungültigkeit — invalidity

Unheil, Krankheit und Tod. So eine Anschauung
hatte eine Betonung auf Märchen, Sagen, Phantasie,
Religiosität und Verehrung der mittelalterlichen
Dichtung zur Folge, die eine ähnliche Bedeutung für
die Romantiker hätte wie die Antike für die Klassiker.
Die Frühromantische Schule fing in Jena an, wurde
jedoch später unter der Führung Tiecks nach Berlin
verlegt.

Die „blaue Blume", die zuerst in Novalis'
(Friedrich von Hardenberg) Roman „Heinrich von
Ofterdingen" erwähnt wird, wurde zum Symbol der
Romantik, und verkörpert das Phantasieland, wo sich
Natur, Mensch und Gott in Harmonie und Frieden
vereinigen. Der Tod seiner Braut veranlasste Novalis
Betonung von Nacht und Liebe in seinen Gedichten.

Ein zweiter Kreis der Frühromantiker entwickelte
sich in Heidelberg, von Arnim, Brentano und
Eichendorff vertreten. Eine Zusammenarbeit dieser
Frühromantiker „ Des Knaben Wunderhorn" war
lange, neben den „Kinder- und Hausmärchen" von
den Gebrüdern Grimm, das bekannteste Buch. Bei
Eichendorffs Dichtung befinden sich viele Wörter,
die für die romantische Periode charakterisch sind:
Mondenschein, Wanderlust, Waldesrauschen,
Waldesnacht und Nachtigallenlied. Die Sehnsucht
nach einem fernen Land spiegelt sich, neben der
Erzählung, „Aus dem Leben eines Taugenichts", im
Gedicht „Sehnsucht":

„Es schienen so golden die Sterne,
Am Fenster ich einsam stand
Und hörte aus weiter Ferne
Ein Posthorn im stillen Land.
Das Herz mir im Leibe entbrennte,
Da hab ich mir heimlich gedacht:
Ach, wer da mitreisen könnte
In der prächtigen Sommernacht!

Zwei junge Gesellen gingen
Vorüber am Bergeshang,
Ich hörte im Wandern sie singen
Die stille Gegend entlang:
Von schwindelnden Felsenschlüften,
Wo die Wälder rauschen so sacht,
Von Quellen, die von den Klüften
Sich stürzen in die Waldesnacht.

Sie sangen von Marmorbildern,
Von Gärten, die überm Gestein
In dämmernden Lauben verwildern,
Palästen im Mondenschein,
Wo die Mädchen am Fenster lauschen,
Wann der Lauten Klang erwacht,
Und die Brunnen verschlafen rauschen
In der prächtigen Sommernacht."

Der Erzähler der Romantik ist Hoffmann, aber nicht nur als Schriftsteller, sondern als auch Dichter, Maler und Musiker begabt. In seinen Werken verschwindet zum Teil die Wirklichkeit, und das Dämonische — die Phantasie und das Dämonische kommen hervor, the demonic worüber Goethe sagte, dass die Klassik das Gesunde sei, und die Romantik das Kranke.

Dagegen erkannte Goethe, dass die Romantik viel Fruchtbares leistete, darunter die Anregung des Interesses an Shakespeare, der mittelalterlichen Dichtung und fremden Kulturen.

Aus dieser Periode der frühen Romantik entwickelte sich auch die Gruppe der schwäbischen Romantiker, zu denen Uhland, Müller und Rückert zählten, deren Balladen und Gedichte von Schubert und Schumann in Liedern und Liederzyklen vertont wurden. Einige der schönsten darunter sind heute noch beliebt, z.B. ,,Ich hatt' einen Kameraden", ,,Ich hört' ein Bächlein rauschen", ,,Ich schnitt es gern in alle Rinden ein", ,,Am Brunnen vor dem Tore".

Die Hauptvertreter der Periode des Weltschmerzes sind Platen, Lenau und Heine, die durch Sehnsucht, Resignation und Enttäuschung gekennzeichnet sind. Platen bediente sich klassischer und orientalischer Formen und romantischen Inhalts, während wir in Lenaus Werken sowohl epische, als auch lyrische und dramatische Elemente finden. Lenaus Merkmale waren romantisch — Einsamkeit und Todessehnsucht. Ironie und Satire befanden sich in Heines Gedichte, als er nach Frankreich als politischer Flüchtling fliehen musste.

die Gestalt — figure Die Gestalt des Künstlers wurde von Mörike in seinem unvollendeten Roman ,,Maler Nolten" und in seiner Novelle ,,Mozart auf der Reise nach Prag" behandelt, aber diese Novelle ist keine Novelle im traditionellen Sinne nach Goethe, sondern nur einige Sichten in ein Ereignis in Mozarts Leben, worin es Mörike gelingt, das Wesen des Künstlers zu analysieren.

Obwohl im Folge der Napoleonischen Kriege, das österreichische Drama schwer unter Metternichs Zensur litt, erlebte es eine Wiederkehr zur Klassik in einem Zeitraum zwischen den Anfängen der Romantik und dem Poetischen Realismus. Das Gefühl der Resignation oder Entsagung, das in Österreich während der Biedermeierzeit herrschte, befindet sich am stärksten in Grillparzers Tragödie „Sappho". Andere von seinen Werken schliessen Tragödien von griechischem Stoff und auch historische Dramen ein. Zwei weitere Dramatiker dieser Zwischenzeit waren Grabbe, und Büchner, der aus politischen Gründen die Universität Giessen verlassen musste. Seine drei grossen Werke waren: ein Drama über die Enttäuschungen der Französischen Revolution, „Dantons Tod"; eine Tragödie der Abgesetzten und Benachteiligten, „Woyzeck", ein Fragment, das den späteren Naturalismus voraussagte; und eine Komödie „Leonce und Lena" die die Langeweile des Lebens als das Problem des Menschen und des Nichts beschreibt.

abgesetzt — degenerate
benachteiligt — wronged

Der dramatische Höhepunkt wurde unter Hebbel erreicht. Seine drei bekanntesten Tragödien: „Maria Magdalena", „Herodes und Mariamne" und „Agnes Bernauer", spielen in einer Periode des Kulturwandels. Die Heldinnen werden schuldlos geopfert, um die bestehende Ordnung zu zerstören und eine neue zu entwickeln. Als ein weiteres Merkmal in Hebbels „Maria Magdalena" kann beobachtet werden, wie rein äusserlich begründete Moralität den Untergang der wertvollsten Charaktere verursacht.

verursachen — to cause

Von ungefähr 1850 bis 1890 zeigte sich in Deutschland eine besondere Entwicklung in der europäischen Literatur, nämlich in der Novelle. Der Begriff der Novelle stammte aus dem Werke „Decamerone" von Bocaccio, das aus 100 Erzählungen bestand, aus Chaucers „Canterbury Tales", und aus den Erzählungen „Novelas Exemplares" von Cervantes. Der

Stoff für einige dieser Erzählungen kam um 1348 vom Osten her. Das Wort „Novelle" setzte sich erst seit 1760 langsam durch und entwickelte sich aus dem französischem Wort „nouvelle" und aus dem spanischen Wort „nouvella", das eine Neuigkeit bedeutete. Im Jahre 1764 verwandte Wieland den Gattungsbegriff in „Don Sylvio von Rosalva" und in den zweiten Auflage von 1772 schrieb er einige Kriterien, um die Novelle näher zu bestimmen: „Novellen werden vorzüglich eine Art von Erzählungen genannt, welche sich von den grossen Romanen durch die Simplizität des Plans und den kleinen Umfang der Fabel unterscheiden...". Also veränderte sich die Begriffsbestimmung der Novelle von Simplizität und einen kleinen Umfang zu Goethes, der die folgenden Züge betonte: sie sollte gute Gesellschaft (d.h. die gebildete Elite) anziehen, sie sollte wenige Charaktere und Begebenheiten enthalten, sie sollte nur soziale Unterhaltung sein, und sie sollte erzählt werden, als fände sie statt, wie es in Goethes berühmtem Satz stand: „Was ist eine Novelle anders als eine sich ereignete unerhörte Begebenheit". Hier soll die Novelle etwas Aussergewöhnliches beschreiben, was eigentlich passiert ist; es gab keine Welt der Phantasie. Erst seit der Romantik begann in Deutschland die Ausweiterung der Novelle ins Metaphysische oder auf Lebensfragen überhaupt. Friedrich Schlegel schlug als Definition vor: eine bis jetzt unbekannte Geschichte und Charakter, die Interesse an sich müssen erwecken können (ohne Bezug auf eine gewöhnliche Folge der menschlichen Kultur und Geschichte), und diese Geschichte sollte wegen der Objektivität ein Mittel für indirekte und verborgene Subjektivität und für Ironie sein. Nach Tieck soll die Wendung der Geschichte unerwartet sein; dieser Wendepunkt des Geschehens und inneren Charakters spielte eine entscheidende Rolle. Das Geschehen sollte einzigartig sein, was auch immer der Stoff sei.

Kleist entwickelte in seiner dramatischen Novelle „Michael Kohlhaas" die Charakternovelle und den Chronikstil und bediente sich historischer und exotischer Elemente, die schon von den Romantikern

Glossary (margin):

sich durchsetzen — to make one's way

die Gattung — genre

die Begriffsbestimmung — definition

erwecken — to arouse
die Folge — course, succession

verbergen — to conceal

was auch immer — whatever

eingeführt wurden. Der Begriff der sozialen Unterhaltung und des Erzählers der Geschichte waren für Kleist vollkommen nebensächlich aber er benutzte die Idee des Wendepunkts, welcher in dieser Novelle im Interview mit Luther stattfindet. Im „Michael Kohlhaas" können wir auch die Falkontheorie von Paul Heyse verfolgen, d.h. die ganze Erzählung konzentriert sich auf ein Motif, das immer wieder auftaucht und sich sowohl in Hinsicht Deutung als auch inhaltlich zentral zur betreffenden Novelle verhält; hier sind die beiden Rappen das zentrale Motif.

der Rappe — black horse

Die schon besprochene Künstlernovelle, „Mozart auf der Reise nach Prag", benutzte auch ein „Falkenmotif", die Orange, durch die sich Handlung der Novelle erfüllte: Mozart erinnerte sich bei ihrem Anblick an eine Melodie, die er verloren hatte, und so kam es zu einer unbewussten Schöpfung. Die Geschichte wurde von der Intuition Mörikes erzählt. Ein kleines Gedicht mit dem der Erzähler die Novelle beendet, enthält ein Todesmotiv, hiermit auf den frühen Tod Mozarts hinweisend.

die Geschichte — narrative

Eine der vollendesten Novellen bildete die einzige Novelle von Droste-Hülshoff, „Die Judenbuche", von der Schriftstellerin selbst eine Kriminalgeschichte genannt. Ein neuer Aspekt der Novellenentwicklung wurde eingeführt: das ganze Leben wurde durch die Methode der Auswahl beschrieben. Hierdurch können bestimmte Zeitabstände einfach übersprungen werden, weil nur die Ereignisse, die wichtig für die Entwicklung des Charakters des Helden sind geschildert werden müssen. Die Schriftstellerin begann die Erzählung mit der Umwelt und beschrieb deren Schuld, welche die Entwicklung des Helden bestimmte. Hierdurch nahm die Schriftstellerin Abstand von einer blossen Beschreibung der Beschreibungen und schuf eine Novelle mit ethischen Anliegen. Natur und Umwelt nehmen in Annette von Droste-Hülshoff einen symbolischen Wert an. Ihre Naturbeschreibungen sind sehr stimmungsvoll. Ihre Werke reflektieren eine Mischung von Romantik, Realismus und Naturalismus, und sie wurde als die grösste Dichterin

die Auswahl — selection
der Abstand — interval

(von einer Sache) Abstand nehmen — desist from a thing

begrüssen — to hail

begrüsst, die Deutschland hervorbrachte.

Der moralische Aspekt der Novellenentwicklung finden wir bei dem Volksschriftsteller Gotthelf (Albert Bitzius) in seiner Pestgeschichte, „Die

die Spinne — spider

schwarze Spinne", die den Zwiespalt zwischen dem Guten und dem Bösen betonte. Die Spinne, ein Symbol der Sühne und des Chaos, wurde durch das

der Selbstaufopfer — self-sacrifice
das Gemeinde — society

Selbstaufopfer Christiens überwunden, dessen Sieg auch ein Sieg für seine dörfliche Gemeinde, sowohl als ein persönlicher Sieg bedeutete. Die Erzählung entstand aus vier Quellen: 1. eine Sage von einer

die Rinderpest — cattle plague

durch eine Spinne veranlassten Rinderpest; 2. das Entsetzen des schwarzen Todes im 16. Jh. in jener Gegend; 3. eine Erzählung von einem Ritter, Hans v. Stoffeln, der eigentlich ein guter Herrscher war; 4. eine Geschichte einer Frau aus Lindau, die als Frau eines Soldaten kam, die aber, wegen ihrer

verstiessen — to reject

fremden Bräuche, in jener Umgebung verstossen wurde.

Stifter, aus dem Böhmerwald, schrieb viele Erzählungen, in denen er sich seines „sanften Gesetzes" bediente, worin er die grossen Aspekte der Natur — Blitz, Gewitter, Brandung, Vulkan und Erdbeben — für klein hielt, und umgekehrt — das Grünen der Erde, das Glänzen des Himmels, das Wachsen der

verwenden — to apply

Getreide für gross hielt. Er verwand diesen Begriff auch für die innere Natur des menschlichen Geschlechtes. In der Vorrede der „Bunten Steine" schrieb er, „Ein ganzes Leben voll Gerechtigkeit, Einfach-

die Bezwingung — subduing, conquest
die Gemässheit — conformity, suitableness
gelassen — clam, passive
das Gemüt — temper
die Begier — lust

heit, Bezwingung seiner selbst, Verstandesgemässheit, Wirksamkeit in seinem Kreise, Bewunderung des Schönen, verbunden mit einem heiteren gelassenen Streben, halte ich für gross; mächtige Bewegungen des Gemütes, furchtbar einherrollende Zorne, die Begier nach Rache, den entzundeten Geist, der nach

die Erregung — excitement

Tätigkeit strebt, umreisst, ändert, zerstört und in der Erregung oft das eigene Leben hinwirft, halte ich nicht für grösser, sondern für kleiner . . ." In einer von Stifters bekanntesten Erzählungen, „Brigitta", war das Thema die innere Schönheit; der moralische Begriff der inneren Schönheit zeigte sich als gut, fest und treu, und in der Seele des Menschen zu-

zusammendrängen — to compress

sammengedrängt. Die Natur wurde auch in einem

moralischen Verständnis mit dem Menschen gesehen. Alles drehte sich um eine Synthese in den beiden Hauptcharakteren; im Verlaufe ihres Reifungsprozesses kamen ihre besseren Charakterzüge heraus; die innere Schönheit behauptete sich wieder und führte zur Wiedervereinigung. Stifter erklärte nie, woraus diese innere Schönheit bestand, aber bei Stifter offentbart sich die ganze Fülle des Lebens in einer Synthese des Ideals durch Polaritäten.

Ludwig wurde hauptsächlich durch drei Erzählungen „Der Erbförster", „Die Heiterethei" und „Zwischen Himmel und Erde" bekannt. Er prägte den Namen „Poetischer Realismus", aber in seiner Erklärung darüber war er unklar und widerspruchsvoll. In seinen eigenen Studien schrieb Ludwig über die zwei Hauptcharaktere seiner Metiernovelle „Zwischen Himmel und Erde": „Meine Absicht war, das typische Schicksal eines Menschen darzustellen, der zuviel Gewissen hat, das zeigt neben seiner Zeichnung der Gegensatz seines Bruders, der das typische Schicksal des Menschen, der zu wenig Gewissen hat, versinnlichen soll. Dann die Wechselwirkung, wie der zu gewissenhaft angelegte den andern immer schlimmer, dieser jenen immer ängstlicher macht", aber in der Analyse dieses Werkes gelang es Ludwig nicht, das absolut Gute und das absolut Böse darzustellen. Die eigentliche Charakterkonzeption zeigte sich vom Anfang an als schwach; es waren keine innerlichen Charaktere: Appollonius' Unschlossenheit und Unsicherheit nahmen zu, gleichfalls Christianes Unzuversichlichkeit in ihrer Liebe zu Apollonius, und Fritz' Unfähigkeit, anders zu handeln. Die ganze Darstellung widerlegte den letzten Paragraphen und zeigte wenig Überzeugung in dem, was Ludwig in seinen „Studien" zu leisten hoffte: „Meine Absicht war, zu zeigen wie jeder Mensch seinen Himmel sich fertig mache, wie seine Hölle . . . die Schicksal der beiden Enden der Menschheit sind in Werke dargestellt, des Frivolen und des Ängstlichen". Die Frage erhob sich, wie der Mensch den Himmel in sich selbst einrichten könnte. Der Gebrauch von Leitmotiven und charakteristischen Phrasen, reflektieren bei Ludwig,

wiederbehaupten — to reassert

offenbaren — to manifest

prägen — to coin

widerspruchlich — contradictory

metier- — milieu-

versinnlichen — to illustrate

die Unzuversichlichkeit — unself-suredness

58

das Wesen —
essence

der Zyklus — cycle
(of legends, etc.)

die Leidenschaft —
passion

der Ungehorsam —
disobedience

die Feindseligkeit —
hostility

ändlich — rural

der Drechsler —
turner (on a lathe)

die Anordnung — form

wie später auch bei Wagner, das Wesen des eigentlichen Charakters, was die Theorie — „Je mehr nu-das Drama von der gemeinen Wirklichkeit durch Gedankenhaftigkeit und plastische Fülle des Ausdruckes abgeschlossen ist, . . . desto idealer" — vom „plastischen" widerspricht.

Keller schrieb seinen Erziehungsroman „Der grüne Heinrich" in zwei Fassungen: die erste endet im Selbstmord, die zweite in der Widmung zum praktischen Leben. Bedeutender für Kellers Ruhm wurden jedoch seine Novellenbände. Die überragendste Novelle seiner Zyklen von Rahmennovellen war „Romeo und Julia auf dem Dorfe". Den Stoff zu dieser Novelle nahm er aus einem Bericht in einer Züricher Zeitung. Obwohl er den Titel und die Liebesleidenschaft von Shakespeare borgte, schloss er keine der Begebenheiten und der Motiven des Adels und des Ungehorsams der Kinder in Shakespeares „Romeo and Juliet" ein. Keller konzentrierte das Werk auf die Feindseligkeit der Väter und gründete hierauf die Katastrophe im Leben der Kinder. Die ganze Handlung findet in eine ländlichen und naturverbundenen Welt statt. Die Figur des schwarzen Geigers symbolisiert das Schicksal im Charakter des Menschen und wie wenig man Herrscher über sein eigenes Schicksals im 19. Jh. war. Der Geiger repräsentiert die dem Menschen eigene Kraft und was tief in seinem Inneren begraben wurde – wäre es das Unheimliche, das Primitive oder das Unsichere. Durch die nihilistischen Wirkung von Salis und Vrenchens Selbstmord weist Keller in die Zukunft auf das kommende Jahrhundert hin, wie später in der These Sartres zu sehen ist, nämlich, dass das Leben nicht mehr wert ist.

Obwohl die beiden Schriftsteller, Keller und Meyer, Zeitgenossen waren und in der Schweiz lebten, gab es Unterschiede zwischen ihnen. Keller war Sohn eines Drechslers und erhielt seine frühe Schulausbildung in einer Armenschule, während Meyers Vater, dem vornehmen Bürgertum angehörte und in seinem Sohn eine Liebe für die Antike erwecken wollte. In der Lyrik dichtete Meyer in einer strengen Anordnung, Keller in einer schlichten. Für

59

bestehen — to exist

die Rache — revenge

der Krebs — cancer

die Furcht — dread
das Unerkennbare —
the unknowable
die Annäherung —
approach
die Wiederholung —
reoccurrence
der Deichgraf —
dike-reeve or manager
leiden — to suffer

bestehen — to insist

Keller bestand innere Wahrheit in der Echtheit der Natur und er konnte über das Alltägliche schreiben, während die Wahrheit für Meyer in der Welt des rein Aesthetischen bestand, und die Geschichte bildete die Hauptquelle für seine Erzählungen. Meyer dachte zuerst an das Leben des Thomas Becket als Stoff für eine Novelle, während er das Buch „Histoire de la conquête de l'Angleterre par les Normands" von Thierry las. Aber erst ungefähr 20 Jahre später erschien die erste Fassung der Geschichte „Der Heilige", die nicht nur den Kampf zwischen Heinrich dem Zweiten von England und Becket, also zwischen Staatsgewalt und Kirche, sondern auch die psychologischen Rachemotivierung beschreibt. Die Zweideutigkeit der Charaktere liess Meyer als rätselhaft hinter sich. Das Werk blieb rein aesthetisch.

Storm erlebte drei Schaffensperioden: 1. 1850-65, bis zum Tode seiner ersten Frau, lyrische Periode und seine Novelle „Immensee"; 2. 1869-78, „Viola Tricolor" (das eigene Schicksal seiner zweiten Frau) und die Künstlernovelle „Psyche" (die weder von Künstlern noch Künstlerproblemen handelt, sondern eine bürgerliche Situation beschreibt und „Aquis submersus" einschliessend; 3. 1878-88 der Höhepunkt seiner Schaffenszeit, seine Meisternovelle „Schimmelreiter". Er hinterliess 58 Erzählungen, die sich mit bürgerlicher Ehe und Familie befassten. Die Landschaft der Nordsee spielt bei Storm eine stimmungsvolle Rolle, wie Westfalen für Droste-Hülshoff und des Südosten für Stifter. „Der Schimmelreiter", eine dreifache Rahmennovelle durch Storms Krebskrankheit unterbrochen, reflektierte das Schicksalsymbol in der unfreundlichen Natur, Storms Furcht des Unerkennbaren in dem Supernaturalismus, und in der Annäherung des Todes durch die Wiederholung des Todesmotivs. Hauke Haien, der Deichgraf, wurde ein Opfer der Gemeinschaft, aber noch mehr sein eigenes Opfer. Er litt unter psychologischer Schuld: er erkannte, dass es eine schwache Stelle zwischen den alten und neuen Deichen gab, und er hätte darauf bestehen sollen, den neuen Deich zu vergrössern.

Obwohl das Konzept des Wendepunktes nicht aus

Storms letzten Novellen verschwunden war: z.B. als in Sali in „Romeo und Julia auf dem Dorfe" Vrenchens Vater mit einem Stein schlug, in „Der Heilige" als Beckets Tochter getötet wurde, und im „Schimmelreiter" als Hauke Haien sich entscheidet, einen neuen Deich zu bauen, änderten sich Inhalt und Charakter beträchtlich im Prozess der Entwicklung seiner Novelle: die Objektivität Storms früher Novellen von dem, was eigentlich passierte, weicht einer psychologischen Subjektivität in seinen späteren Werken. Das Merkmal der Novelle als ein bürgerliches Genre änderte sich in den Romanen Raabes, Fontanes und Freytags und in der Mundartdichtung Reuters zu einer Betonung auf Industrialisierungs-, Sozial- und Entwicklungsfragen und Materialismus, und so den Naturalismus vorbereiteten.

Was zeigte sich im 20. Jh. anders als in der Periode der Klassik und der Romantik? Die Industriale Revolution und der Materialismus führten dazu, allgemein gültige Werte wiederauszuwerten. Der Idealismus neigte sich und der Verfall des Adels wirkte sich positiv auf die Stellung des Dichters aus, der den alltäglichen Menschen und seine Probleme vertreten sollte. Deutschland erhob sich eben zu einer Grossmacht durch die Vereinigung unter Bismarck. Darwins Entwicklungstheorie verursachte Unruhe in der Religionslehre; der Mensch wurde nach seiner Umwelt und Erbanlagen beurteilt. Im 19. Jh. dachte der Mensch, Herrscher seines Schicksals zu sein; im 20. Jh. war der Mensch kein Herrscher, sondern Mitglied der Gesellschaft in verschiedenen Weisen. Die Poesie, deren Aufgabe es war, Ideen darzustellen und sie in einer Schönheitsform zu interpretieren, wurde bei diesem neuen Aufschwung vernachlässigt. Von Darwin und Nietzsche wurde Gott als Schöpfer vernichtet. Die Erschütterung der Religionsgrundlagen wirkte sich auch auf den Begriff der Tragödie aus. Die wissenschaftliche Revolution Darwins und die soziale Erhebung, die folgten, ergriffen Besitz von der Literatur für ihre eigenen Zwecke. Das Drama und der Roman wurden in einer Bewegung benutzt, die als Ziel hatte, eine Aufstellung der tatsächlichen, und nicht

die Entwicklung — evolution

der Wert — value
wiederauswerten — to reevaluate
sich neigen — to decline
sich auswirken — to take effect

die Erbanlagen — heredity, predisposition
beurteilen — to judge

vernachlässigen — to neglect

Besitz ergreifen — to take possession

die Aufstellung — array

61

kunstvollen Zustände und Probleme zu enthüllen. Mit einer naturgetreuen Wiedergebung der Realität als seinem Zweck, wurde „Kunst" als die Grundtechnik identifiziert und sie fand ihre Rechtfertigung in den Lebensbedürfnisssen.

Die Bewegung des Naturalismus beruht auf zwei Aspekten: 1. die Beschreibung hauptsächlich der trostlosen Umgebung und der Probleme des Lebens der Arbeiter. Von dieser Richtung waren Holz und Hauptmann die Hauptvertreter. 2. Der Zwiespalt zwischen der älteren und jüngeren Generation, worüber Hauptmann schrieb. Hauptmann bediente sich des Naturalismus, um seinen eigenen Stil zu gewinnen. Unter den Naturalisten war Hauptmann der einzige, der in der Weltliteratur bekannt geblieben ist. Die erste Aufführung seines Dramas, „Vor Sonnenaufgang" lief auf eine literarische Revolution hinaus. Mit einem sozialen und sozialistischen Hintergrund erlebte sein Drama „Die Weber" Erfolg, das mit den Problemen des Schlesischen Weberaufstands und der Masse handelte. Seine rein naturalistischen Werke, ausser „Die Weber", werden selten gelesen.

Die Literatur des beginnenden 20. Jhs. wird von einem nebelhaften Zusammenhang mit dem 19. Jh. gekennzeichnet — eigentlich eine Vermischung von den Zügen der klassischen, romantischen und naturalistischen Periode. Nach der ersten erschütternden Wirkung des Naturalismus erschien eine Wiederkehr der Romantik und des Klassizismus; beide können als Symbolismus bezeichnet werden. Diese drei Bewegungen (Naturalismus, Neuklassizismus und Neuromantik) fanden ungefähr innerhalb der Jahre 1880-85 und 1900 statt, und wurden von dem Folgenden charakterisiert: Naturalismus von dem wissenschaftlichen Vorgehen und materialistischen Anschauungen, von Tätigkeit und dem Glauben, dass die Weisen der Welt verändert werden müssen; Neuromantik von dem Wunsch die frühere romantische Periode wiederherzustellen, und die Ausdrücke dieses Gefühls befanden sich in der „arte nouveau" und literarisch in dem Märchen; unp Neuklassizismus in dem Klassizismus, welcher

die trostlose Umgebung — sordid surroundings

erschütterend — shocking

das Vorgehen — advance

von George vertreten wurde, der der trostlosen
Umgebung des Lebens entgegenzuwirken versucht.

Der Impressionismus und zum Teil Symbolismus
beherrschen ungefähr die Jahre — 1890-1915. Der
Impressionismus wurde hauptsächlich von den
französischen Künstlern, z.B. Manet, Renoir,
Cezanne und Monet vertreten, die dem Eindruck
gemäss malten, von Rodin in der Bildhauerkunst,
von Debussy in der Musik, und von Dehmel, Lilien-
cron und dem frühen Rilke in der Literatur. Diese
Bewegung bedeutete eine Schilderung der persön-
lichen Eindrücke; das Wirkliche wurde nicht als
Notwendiges zu Grunde gelegt. Obwohl diese
Kunstrichtung in der Literatur nur eine Neigung
blieb, wurde sie dagegen in der Kunst und in der
Musik eine Hauptbewegung.

In Hauptmanns „Einsame Menschen" sah man den
Verfall der mittelständigen Ideen von Ehe, Glauben
und einer geordneten Laufbahn im kirchlichen oder
staatlichen Dienst. Auch werden verschiedene
Lebensinterpretationen dargestellt — die alte, ortho-
doxe, pietistische Ordnung im Gegensatz zur neuen
sozialen und wissenschaftlichen. Also ist „Einsame
Menschen" eine Tragödie und doch keine. Man
verwirft die Glauben der Vater in dem Wunsch, das
Neue anzunehmen.

Noch ein Drama Hauptmanns, „Michael Kramer",
reflektiert die Zwiespälte der Generationen und die
Isolierung der Individuen voneinander. Das Drama
zeigt beinahe keinen Plan; es gibt kein Ereignis, das
uns die Katastrophe vorausahnen lässt; der Konflikt
besteht zwischen dem begabten Individuum und der
allgemeinen Welt und die Schwierigkeiten zwischen
Vater und Sohn werden in Malerei der Beiden
reflektiert.

Der Expressionismus bedeutete Tätigkeit und
Handlung, und einen Wunsch, etwas über den ersten
Weltkrieg zu tun. Dieses Gefühl wurde in der
Kunst sowohl als auch in der Literatur ausgedrückt,
z.B. versuchte man das Wesen und die Seele eines
Pferdes auszudrücken. In Marcs „Blauen Pferde"
wurde die Natur in Stücke gebrochen, und eine neue
Welt des Expressionismus geschaffen. Einer der

eigenwilligsten Expressionisten in der Literatur ist Kafka; in seinen Werken wird die Welt von einer als echt hingestellten Welt der Dringlichkeit beherrscht; er liess die Welt der Erscheinungen beiseite.

Obwohl Hauptmann zu Beginn des 20. Jhs. immer noch der meistgespielte Dramatiker blieb, erschienen auch Werke von Brecht, Zuckmayer, und Hofmannsthal auf der Bühne—Autoren, die aus dem Naturalismus wuchsen — und später Schnitzler, Wedekind, die zum Impressionismus und Expressionismus führten. In dem monologartigen — stukkatoartigen Stil des Werkes „Leutnant Gustl" von Schnitzler, z.B. reflektiert sich ein Aspekt des Impressionismus, und zwar die Analyse der Gedanken eines Menschen unter Druck. Bei Wedekind sah man eine Darstellung von erotischen Probleme (z.B. „Erdgeist") und Leiden der Jugend („Frühlingserwachen"). Wedekind gab der Gesellschaft schuld an dem Verständnismangel für ihre Kinder. Die Geschichte handelt hauptsächlich von dem Fehlen der Eltern aller Jungendlichen, sie über Geschlechtserziehung aufzuklären. Nicht nur war der soziale Protest die Geschlechtserziehung betreffend deutlich, sondern auch das Problem der traditionellen Strenge des Schullebens, die in Gestalten der Professoren karikiert wurde. Ein Schritt nach dem Expressionismus erwies sich am Ende des Dramas, worin inneres Leben sich ins äussere Leben projektierte durch Melchoirs Vision von Begebenheiten, die in einer traumhaften Umwelt spielten. Die symbolische Traumwelt zeigte sich besonders in den Wreken Kafkas, z.B. in „Der Prozess".

KRIEGS- UND NACHKRIEGSLITERATUR

Während der Zeit der Diktatur, 1933-45, sah die
Entwicklung der Literatur öde aus; freiheitsliebende
Menschen wurden gejagt, getötet, ins Ausland oder
in ein Schattendasein getrieben. Der Diktator
achtete die Intelligenz und verfolgte die Kritik. Die
Verwüstung wurde im Brand der Bibliotheken, Ver-
lagshäuser und Druckereien abgeschlossen. Sobald
der Krieg aus war, begannen die Schriftsteller zu
arbeiten, diesmal machten sie sich zum Fürsprecher
der Unterdrückten und Schuldbewussten und hatten
die Unterstürzung von West- und Ostdeutschland.
Wer Krieg nicht erlebt hat, hat fast keine Ahnung
wie sehr Krieg auf Menschen wirkt. Nicht nur ist die
Druckereiorganization zerstört, sondern auch spiegeln
die Persönlichkeiten der Schriftsteller und ihre
Anschauungen dieses Erlebnis wieder. Wenn Manu-
skripte und Papier unter anderem notwendigen Stoff
fehlen, sind es immer Zeitungen, die zuerst er-
scheinen, dann Zeitschriften; nur später nachdem die
Trümmer weggeräumt worden sind, tritt die schöne
Literatur wieder auf. Zwei der frühen Nachkriegs-
zeitschriften waren: „Wandlung" (1945-49) und
„Gegenwart" (ab 1945), von Mitarbeitern im Stil der
früheren „Frankfurter Zeitung" geschrieben. Die
Deutschen waren begierig zu lesen, was ihnen lange
verschwiegen worden war. Nun erschienen zahlreiche Beispiele von Kriegsliteratur: Enthüllungen,
Erinnerungen, Anklagen und Rechtfertigungen,
viele davon im Form von Tagebüchern. Aber die
Literatur, die aus der Verwüstung und der Hölle des
Dritten Reiches erschien, wurde nicht so wohl
empfangen, wie erwartet.
Es ist leicht zu verstehen, warum ein Volk, das alle
Trümmer der Städte und die Vernichtung einer
ganzen Kultur sah, davon nicht wieder lesen wollte.
In dieser Zeit erschien es den Menschen, am besten
ihre Hoffnungen auf religiösen Glauben zu stellen, so
eine Parallele mit ihrer eigenen Lage bildend. Die

Herausgabe religiöser Romanen erwies sich als grosser Erfolg. Die wichtigsten davon sind: „Das unauslöschliche Siegel" (1946), ein Roman Elizabeth Langgässers (1950 gestorben), in dem sich die Geistesgeschichte des Abendlandes wiederspiegelt; „Der Kranz der Engel" (1946), von der grössten katholischen Dichterin der Gegenwart, Gertrud von Le Fort, die an die christlichen Erlösungswege erinnerte; „Die Jerominkinder" (1946), die ein Thema von einem Entwicklungs-, Generations- und Dorfroman bearbeitete, von dem mystikartigen Ernst Wiechert, unter anderen Werken; wohlbekannt sind: „Das Glasperlenspiel" von Hermann Hesse und „Doktor Faustus" von Thomas Mann, ein Epos der deutschen Seele. Hesse, Mann und Kafka sind drei der am häufigsten besprochenen Schriftsteller dieses Jahrhunderts, deren Hauptwerke zu zahlreich sind, um in diesem kurzen Abriss zu erwähnen.

sich befassen — to be concerned with

Die die sich hauptsächlich mit der Literatur befassenden Zeitschriften, waren die ersten Nachkriegserscheinungen zum Teil von den wohlbekannten Verlagen, S. Fischer, Peter Suhrkamp und Insel. Nun wurden grosse Gesamtausgaben der älteren Dichter, wie z.B. Hesse und Mann, gedruckt. Die neueren Schriftsteller, wie z.B. Carossa, Seidel, Andres und Bergengruen, wurden nur mit den Emigrantschriftstellern eingeschlossen. Die Haltung gegen die Emigrantenschriftsteller und ihre Aufnahme bei den deutschen Lesern war verschieden: einige hatten mehr Erfolg vor dem Kriege, einige nach dem Kriege. Ein Beispiel davon war Döblin, der als Schriftsteller des Expressionismus („Berliner Alexanderplatz", 1930) grossen Erfolg hatte, und dagegen mit seinen Werken „Das Land ohne Tod" und „November 1918" erfolglos blieb. Als weitere Emigrantendichter können Wassermann, Werfel, Zweig, Neumann, Unruh, Brod, Musil und Broch bezeichnet werden. Zwar waren die zwei letzteren Namen auch schon in der Vorkriegsperiode bekannt. Zwei Naturlyriker müssen auch genannt werden: Holthausen und Krolow. Typisch an ihren Versen ist

bewusst — conscious

ein Stil der bewussten Wortkonfusion. Ein Stil, der zwischen Surrealismus und Realismus schwebt,

66

ist auch für Werke von Jünger, Benn und Holthausen kennzeichnend.

Jetzt war es nicht mehr die Aufgabe der deutschen Dichter und Journalisten, nur Übersetzungen ausländischer Publikationen herauszugeben oder die Werke, die in der Vorkriegsperiode bekannt waren, sondern sie forderten ihre eigene Identität, wie sie es auf dem politischen Gebiet getan haben. Andere Namen, die mit der Flut der Neuerscheinungen herauszuheben sind: Borchert („Draussen vor der Tür); Dürrenmatt („Ein Engel kommt nach Babylon"), („Die Ehe des Herrn Mississippi"), („Die Physiker"); Frisch: („Als der Krieg zu Ende war"), („Don Juan"), („Die chinesische Mauer"); Böll („Wo warst du, Adam?") und Jens in der Prosa; und Günther Eich und Günther Grass in der Poesie.

WÖRTERVERZEICHNIS

A

der Abbau — reduction of staff
abenteuerlich — adventurous
der Abgeordnete — member
(parliament)
abgesehen von — without regard
to, apart from
abgesetzt — degenerate
das Abkommen — agreement
ablehnen — to decline
der Abriss — summary
abschliessen — to conclude (treaty)
der Abschluss — conclusion
(treaty)
absichtlich — intentional
absolvieren — to complete (one's
studies)
Abstand (von einer Sache)
Abstand nehmen — desist (from
a thing)
der Abteil — section
die Abwicklung — winding up
(of business)
die Achtung — attention
der Ackerbau — agriculture
der Ackermann — plowsman
ähneln — to ressemble
der Alemanne — Aleman
die Alliierten — the Allied Powers
allmählich — gradually
alltäglich — everyday, daily
der Altarflügel — altar wing
die Amtssprache — official
language
der Anakreontiker — writer of
Anacreontic poetry
die Änderung — shift
anerkennen — to recognize
die Anerkennung — recognition
die Angelegenheit — affair
die Angleichung — assimilation
anlehnen — lean against (by form
association)
die Anmut — gracefulness
die Annäherung — approach
annehmen — to take on
anpassen — to adapt
anregen — to stimulate, prompt
die Anregung — stimulus
anrichten — to address
die Anschauung — outlook, view;
philosophy
anstellen — to undertake
das Anwachsen — increase
der Anwachs — increase
anziehen — to appeal, attract

die Apothekerkunst — pharmacy
das Aufblühen — flourish
auferlegen — to impose
die Aufführung — performance
die Aufklärung — enlightenment
die Aufrichtigkeit — sincerity
aufschieben — to postpone
der Aufschlag — impact
der Aufschwung — rise
aufstellen — to set up
der Aufstieg — rise; growth
aufteilen — divide into
auftreten — to appear
das Auftreten — appearance
aufwecken — to arouse
die Ausbreitung — spread
die Ausführung — execution,
carrying out
der Ausgleich — compromise
die Auslegung — interpretation
die Ausnahme — exception
der Ausnahmefall — exceptional
case
Ausschluss: mit Ausschluss von —
with exclusion of
die Ausstellung — exhibition
ausüben — to effect
die Ausübung — practice, carrying
out (of duty)
das Auswärtige Amt — foreign
office, State Department
der Auswuchs — outgrowth

B

der Bauernstand — peasantry
beachtlich — notable
beantragen — to propose
bedenklich — suspicious,
hazardous
bedingungslos — unconditional
die Bedrohung — threat
das Bedurfnis — necessity
befugt — authorized
begabt — talented
die Begebenheit — event
die Begier — lust
begleitend — accompanying
die Begleitmusik — incidental
music
die Begnadigung — amnesty
begreifen — to conceive; realize
die Begriffsbestimmung —
definition
begrüssen — to hail
die Begünstigung — patronage
behandeln — to deal with, treat

beherrschen — to dominate, govern, rule
beibringen — to instill
die Beihilfe — subsidy
beiseitelegen — to discard
beitragen — to contribute
der Beiträger — contributor
beiwohnen — to contribute
das Bekenntnis — denomination
beklagen — mourn
die Bekehrung — conversion
belasten — to beset
die Belastung — burden
bemerken — to notice
bemerkenswert — noteworthy
sich bemühen — to exert oneself
sich bemüht sein um — to be bent on, strive for
die Bemühung — effort
benachbart — adjacent
benachteiligt — wronged
berechnen — to settle
die Bereitschaft — preparedness
die Berufsschule — vocational school
beruhen: auf eine Sache beruhen — to be based on a thing
die Berührung — touch
die Besatzung — garrisoning
die Besatzungsmacht — occupation power
der Beschädigte — wounded man
beschaffen — to create
beschränken — to limit
die Beschränkung — limitation
beschenken — to grant
der Beschirmer — protector
die Besetzung — occupation
Besitz ergreifen — to take possession
besorgen — to provide for
bestehen — to insist; to pass (exam); to exist
bestehen aus — to consist of
bestimmen — to determine
die Bestrebung — effort, endeavour
sich beteiligen — to participate in
betonen — to emphasize
die Betonung — emphasis
betreffend — concerning
der Betrug — deceit, hoax
bewältigen — to overcome
die Bewegung — movement
bewerten — to make an evaluation of
die Bewertung — valuation
bewilligen — to pass
die Bewunderung — admiration
bewusst — conscious

das Bewusstsein — consciousness
bezeichnen — to designate
die Beziehung — connection, relation
der Bezug — regard
die Bezwingung — subduing, conquest
die Blütezeit — flourishing
Böhmen — Bohemia
borgen — to borrow
der Brauch — custom
das Bruchstück — fragment
der Buchstabe — written character, letter
das Bundesjugendschutzgesetz — federal youth protective law
die Burg — fortified town
burgundisch — burgundian
büssen — to atone, do penance

D

das Dämonische — the demonic
daransetzen — to hazard, stake
darlegen — to present
dauerhaft — lasting
das Denkmal — monument
die Dictatur — dictatorship
der Dirigent — orchestra conductor
der Drechsler — turner (on a lathe)
sich drehen (um) — to revolve (around)
die Dringlichkeit — urgency
der Druckmacher — print-maker
die Duldung — tolerance
die Durchführung — execution, carrying through
durchfürbar — feasible
durchlauchtig — illustrious
sich durchsetzen — to make one's way

E

edle (edel) — noble, exalted
die Eiche — oak tree
der Eid — oath
eigen — own
einätzen — to etch in
einbeziehen — to include
die Einbildung — imagination
Einfluss ausüben (auswirken) — to have influence upon
die Eingliederung — membership
Einklang: in Einklang bringen — to harmonize
die Einnahme — capture
einsetzen — to set up
die Einsicht — insight

einzigartig — unique
die Eitelkeit — vanity
empfangen — to receive
die Empfindsamkeit—sentimentality
entartet — degenerated
entfernen — to remove
die Entführung — abduction
entgegenkommen — to approach
towards
sich entgegenstürzen — to rush
towards
entgegenwirken — to counteract
entgegnen — to oppose
enthalten — to contain, comprise
enthüllen — to reveal
entreissen — to snatch away
entsagen — to disclaim
das Entsetzen — horror
entstehen — to come into
existence
die Entwicklung — evolution
die Entwicklungsroman — novel
of development
die Erblichkeit — heredity
erdichten — to fabricate, invent
erfassen — to realize
erforderlich — necessary
erforderliche Eigenschaften —
necessary qualifications
die Ergänzung — recruitment
sich ergeben — to yield
die Ergebenheit — fidelity
das Ergebnis — outcome, result
ergreifen — to have recourse to
das Erhabene — the sublime
erhalten — to maintain, support
erlangbar — attainable
das Erlebnis — experience
erleiden — to suffer
die Erlösung — redemption
ermahnen — to admonish
ermöglichen — to make possible
ernennen — to appoint; nominate
erneuern — to renew
erregen — to prompt
die Erregung — excitement
errichten — to institute, establish
die Erscheinung — appearance
erschüttern — to affect deeply,
shake, cause shock
ersetzen — to replace
die Erteilung — conferment
erwähnen — to mention
erwecken — to awaken; arouse
die Erweiterung — expansion
erweisen — to evince
erwerben — to acquire
der Etats — budget

F

das Fach — special subject;
department, division
fackel- — link-
der Fall — case
das Fastnachtsspiel — shrovetide
play, farce
die Feindseligkeit — hostility
das Fernsehen — television
die Festlegung — settlement
feststellen — to state
der Flüchtling — refugee
die Folge — course, succession
in Folge — as result (of)
zur Folge haben — to result in
die Fonds — funds
fordern — to demand
fördern — to promote; provide
die Förderung — promotion
die Forschung — research
die Fortschritte — progress
fränkisch — frankish
die Freigebigkeit — generosity
der Friede — peace
der Friese — Frisian
die Furcht — dread; fear

G

die Gattung — genre
das Gebäude — building
das Gebiet — field, area
gebieten (über) — to control
die Gebühr — fee
geeignet — capable (of)
gefährden — to endanger
gefährlich — dangerous
der Gegensatz — opposition
das Gehalt — salary
geisteskrank — of unsound mind
gelassen — calm, passive
gelingen — to succeed
gelten — to be considered
gemäss — according to, conforming to
die Gemässheit — conformity,
suitableness
gemein — common
das Gemeinde — municipality,
community; society
das Gemüt — temper
das Genie — (literary) genius
der Genuss — enjoyment, pleasure
geordnet — settled
gerecht: einer Sache gerecht
werden — to do justice to a thing
die Gerechtigkeit — justice
die Geschichte — narrative
die Gesellschaft — society

71

das Gespräch — dialogue
die Gestalt — figure
gestalten — to form, fashion
das Gewand — cloth, robe
gotsich — gothic
die Gründung — founding

H
die Haltung — attitude
handeln — to deal with, treat
die Handlung — episode; action
die Harmonie — concord
hauptsächlich — mainly
die Hebung — accent (poetry)
heidnisch — heathen
das Heldenlied — heroic song
herausgeben — to publish
hervorragend — prominent
die Himmelfahrt — ascension
hinauslaufen auf — to result in
hindern — to hinder; retard
der Hof — court
die Huld — favor
die Hungersnot — hungers-need,
for want due to hunger
hunnisch — Hun (adj.)

I
das Irdische — earthly
das Island — Iceland

J
jährlich — yearly
der Junger — apostle

K
kahl — bald
die Kammermusik — chamber
music
der Kapellmeister — conductor of
a choir or orchestra
kaufmännisch — commercial,
mercantile
das Kennzeichen — characteristic
kennzeichnen — to characterize
sich knüpfen an — to join
der Kolonizator — colonist
der Kommissar — commissioner
das Konzert — concerto
der Kranich — crane
der Krebs — cancer
kriegszerstört — war damaged
der Kriegszustand — state of war
künftig — future
Kunst: die bildende Kunst —
plastic arts
das Kunstwesen — state of art
der Kupferstich — copperplate
engraving or print

die Kurzwellensendung — short-
wave transmission

L
lahm — lame
der Landadel — territorial
aristocracy
ländlich — rural
die Langwellensendung — long-
wave transmission
die Lebensbeschreibung —
biography
das Lehrgedicht — didactic poem
die Leichenfeier — funeral service
die Leichtigkeit — frivolity
leidenschaftlich — passionate
lesiten — to accomplish
die Leistung — achievement,
accomplishment
leiten — to direct
der Lohn — requital, reward
los — loose
lösen — to resolve

M
mahnen — to admonish
die Massnahme — measure
Matthäus — Matthew
meiden — to avoid
die Menschenwürde — dignity of
man
die Menschlichkeit — humanity
die Messe — mass
metier — milieu
das Mindestmass — indispensable
amount
die Minne — love
die Mitteilung — communication
die Mittel — funds; means
mittelständig — middle class
der Mittler — mediator
die Möglichkeit — possibility
mündlich — oral
die Musikschaffen — musical
creativity
der Mystik — mysticism

N
nach — according to
nachahmen — to imitate
die Nachfolge — succession
die Nachschöpfung — imitation
die Narrheit — folly
sich neigen — to decline
neu ordnen — to rearrange
der Niedergang — downfall
die Niederlage — defeat
das Niveau — standard, level
nordländisch — northern

die Not — need, necessity

O

der Oberbefehlshaber — commander-in-chief
offenbaren — to manifest

P

der Patron — patron
dei Pflege — encouragement; cultivation
die Pflicht — duty
die Pharmazie — pharmacy
der Plan — plot
die Politik — policies
die Pracht — splendor
prägen — to coin
die Predigt — sermon
das Puppenspiel — puppet play

Q

das Qual — torment, affliction

R

die Rache — revenge
der Rappe — black horse
rechtfertigen — to justify
regeln — to regulate
reizen — to attract
sich richten — to direct oneself
die Rinde — rind (cheese), bark (tree), crust (bread)
die Rinderpest — cattle plague
das Rittertum — knighthood
das Rokoko — rococo
der Ruf — reputation
der Ruhm — fame
rühmlich — laudable, glorious
der Rundfunk — radio broadcasting
die Rune — runic Letter

S

sächsisch — saxon
der Sagenkreis — group of sagas
schaffen — to create
die Schar — host
die Schätzung — estimation
die Schenkung — gift, donation
die Schilderung — portrayal
die Schnittanordnung — cutting regulation
die Schöpfung — creation
einem schuld geben an — to blame
der Schuster — shoemaker
das Schützen — protection
der Schwankzyklus — farce cycle
schwärmerisch — fanciful
schwerhörig — hard of hearing

die Schwerigkeit — difficulty
der Selbstautopfer — self-sacrifice
die Selbstbeherrschung — self control
die Selbstbestimmung — self-determination
die Selbstbildnis — self-portrait
selbstgesprächig — monolog (adj.)
selig — blessed, heavenly
sich setzen — to precipitate
sicherstellen — to secure
das Sinnen — contemplation
die Sinnlosigkeit — absurdity
das Sittengesetz — moral law
die Sittsamkeit — etiquette, modesty
die Spaltung — division
die Spannung — tension
spiegeln — to reflect
der Spielmann — troubador
die Spinne — spider
die Sprachgesellschaft — linguistic society
der Stabreim — alliteration
der Stamm — tribe, family
stattfinden — to take place
staatsunabhängig — independent of states
das Steigen — rise
stellen — to supply
die Steuer — tax
stiften — to institute
die Stiftung — establishment
der Stilstreit — stylistic argument
der Stoff — subject matter
der Strassenrauber — highwayman
streben — to strive
der Streich — prank
das Streichquartett — string quartet
die Streitkräfte — fighting (military) forces
die Strömung — current, (trend)
die Stützung — support
stukkatoartig — staccato-like
die Sündenklage — lament of sin

T

die Tafelrunde — round table
der Tagungsort — meeting location
tätig — active
taub — deaf
der Thüringe — Thuringian
teilen — to divide
das Tierepos — beast epic
tragen — to bear
die Trilogie — trilogy
der Trost — comfort, consolation

73

der Trotz — defiance
die Tugend — virtue

U

überarbeiten — rework
der Übergang — transition
die Übergangslösung — transitional loosening
die Überlieferung — handing down
überschneiden — to overlap
die Übertreibung — excess, exaggeration
die Überzeugung — conviction
umfassen — to comprise
umgeben — to beset
Umgebung: die trostlose Umgebung — sordid surroundings
die Umnachtung — mental derangement
umstellen — to convert
der Umsturz — upset
unbarmherzig — merciless
das Unerkennbare — unknowable
unerträglich — unbearable
der Unfall — disaster
ungarisch — Hungarian
ungelöst — unsolved
die Ungültigkeit — invalidity
unterbinden — to prevent
die Unterdrückung — suppression
die Unternehmung — undertaking
die Unterschicht — lower class
sich unterstützen — to support oneself
die Unterstützung — support
unverbrüchlich — inviolable
unvermeidlich — unavoidable
die Unzuversichlichkeit — unself-suredness
der Ursprung — original
ursprünglich — original
das Urteil — judgement
das Unternehmen — enterprise

V

die Verachtung — despise, disdain, contempt
die Veränderung — change
veranlassen — to cause
die Veranlagung — assessment
die Verantwortung — responsibility
die Verbannung — banishment
verbergen — to conceal
verbindlich: allgemein verbindlich — compulsory
das Verbot — suppression
der Verbrauch — consumption
das Verbrennen — immolation

verbringen — to spend (time)
die Verbrüderung — fraternization
verdeutschen — to translate into German
der Verdienst — merit
verehren — to venerate
der Verein — confederation
der Verfall — breakdown
verfassungsbeschränkt — constitutionally limited
verfehlen — to fail
verflechen — to interweave
die Vergänglichkeit — transitory
in Vergessenheit geraten — to sink into oblivion
der Vergleich — comparison
vergrössern — to increase, extend
das Verhältnis — relation, relationship
verhandeln — to negotiate, barter
verklärt — transfigured
die Verklärung — transfiguration
verkörpern — to embody
verlegen — to move (to another place)
die Verliehung — bestowing
der Verlust — loss
vermeiden — to avoid
sich vermischen — to mix, blend
das Vermögen — means: property
vermögen — to have capacity or power
die Vernachlässigung — neglect
die Vernichtung — destruction
veröffentlichen — to publish
verschaffen — to supply
verschärfen — to aggravate; render more acute
verschreiben — bind oneself (sell oneself)
die Verschwörung — conspiracy
sich versenken — to plunge into (meditation)
die Versicherung — insurance
versinnlichen — to illustrate
die Versöhnung — reconciliation
die Versorgung — provision, maintenance (for)
der Verstand — (common) sense
die Verständigung — agreement
die Verstärkung — strengthening
verstiessen — to reject
die Verteidigung — defense
die Verteidigungsgemeinschaft — common defense
die Vertiefung — deepening
vertonen — to set to music
der Vertrag — treaty

74

vertreiben — to make pass (time) amuse
vertreten — to represent
der Vertreter — representative
der Vertriebene— one driven out, banished
verursachen — to cause
vervollständigen — to complete
die Vervollständigung — completion (full amount)
die Verwaltung — administration
verwenden — to apply
verwerfen — to reject
verwiklichen — to realize
die Verwüstung — devastation
verziert — embellished, decorated
die Viehzucht — cattle-breeding
die Völkerwanderung — migration
volkstümlich — national, popular
vollzeitlich — full-time
das Vorbild — prototype, model
vorläufig — preliminary
vorstellen — to imagine
die Vorstellung — conception
der Vorteil — advantage
vorziehen — to prefer

W

die Waffe — weapon, arm
wählen — to elect
die Währung — currency
das Wahrzeichen — mark; landmark
was auch immer — whatever
die Weide — pasture
weitaus — by far; much
weitverbreitet — widespread
weltabgewandt — turning away from the secular
die Weltanschauung — philosophy
weltlich — secular
weltverneinend — world-denying
das Werben — courting, wooing
der Wert — value
das Wesen — essence
die Wesentheit — entity

die Wesentlichkeit — reality
der Widerspruch — contradiction
widerspruchlich — contradictory
der Widerstand — resistance
widmen — to dedicate
die Wiederaufrüstung — rearmament
wiederauswerten — to re-evaluate
wiederbehaupten — to reassert
die Wiederherstellung — reconstruction
die Wiederholung — re-occurrence
wirken — to affect
Wirkung: eine Wirkung ausüben (auf) — to produce an effect (on)
die Wirtschaft — economy
der Wohlstand — prosperity
wütig — mad, insane

Z

zahlreich — numerous
die Zahnheilkunde — dentistry
der Zauberspruch — incantation
das Zeitalter — era
der Zeitgenosse — contemporary
zeitgenössisch — contemporary
zerdrücken — to squelch, suppress
zerstören — to destroy
zierlich — delicate
die Zucht — chastity
der Zug — trait, characteristic
der Zügel — rein
zuneigen — to incline towards
die Zuneigung — affection
die Zunft — guild
der Zusammenbruch — collapse
zusammendrängen — to compress
die Zusammenfassung — compilation
der Zusatz — supplement
der Zuschuss — subsidy
zustande bringen — to bring about
der Zweig — section; branch
der Zwiespalt — discord